BIBLIOTHÈQUE ANECDOTIQUE
ET LITTÉRAIRE

———

LA
GUERRE DU DAHOMEY

GRAND IN-8°. — 3ᵉ SÉRIE

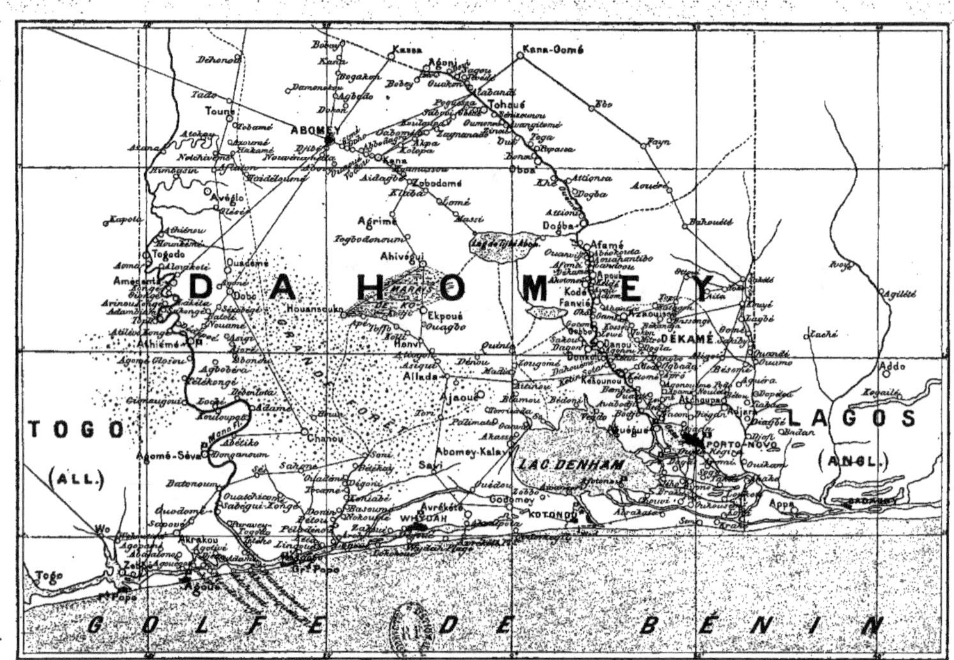

Carte pour suivre les opérations de la Guerre.

BIBLIOTHÈQUE ANECDOTIQUE
ET LITTÉRAIRE

HENRI MORIENVAL

LA GUERRE DU DAHOMEY

JOURNAL DE CAMPAGNE

D'UN SOUS-LIEUTENANT D'INFANTERIE DE MARINE

ÉDITION ILLUSTRÉE DE 32 GRAVURES
D'APRÈS DES CROQUIS PRIS SUR PLACE

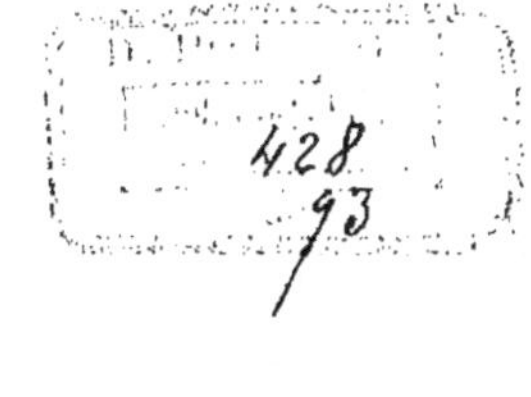

PARIS
LIBRAIRIE D'ÉDUCATION A. HATIER
33, QUAI DES GRANDS-AUGUSTINS, 33

LA GUERRE DU DAHOMEY

LETTRE-PRÉFACE

Conquête de l'Afrique par les nations européennes. — Rôle des explorateurs. — Partage du continent africain. — Historique de la colonie du Sénégal et du Soudan. — Orographie. — Hydrographie. — Races. — Histoire de la conquête. — Liaison avec les évènements qui se passent au Dahomey et sur la côte du Bénin. — Quelques mots sur la mission du commandant Monteil.

A EMMANUEL G..., MON BEAU-FRÈRE

Mon cher Emmanuel,

A peine débarqué de Marseille, à peine installé auprès de tous les miens, tu me demandes de te raconter en détail la campagne du Dahomey et tu m'accables de questions à toute minute.

Je suis trop heureux de satisfaire ta légitime curiosité et, comme tu es maintenant, à quatorze ans, un grand garçon très sérieux, je vais faire mieux que te raconter cette expédition, je vais te confier mon journal de campagne.

Mais, afin que tu puisses te rendre compte de l'enchaînement des faits et de la succession des opérations qui ont précédé l'expédition de 1892, tu vas me permettre auparavant de te faire une petite leçon de géographie.

Tu suivras attentivement sur ton atlas, et, lorsque tu auras bien compris les différentes phases de la conquête du continent africain, je te confierai, non seulement mon journal des opérations dans le Dahomey, mais encore toutes les lettres que j'ai écrites de la côte des Esclaves à mes camarades et à ma famille.

Tu pourras ainsi, jour par jour, voir sur ta carte détaillée se dérouler la marche progressive de la colonne expéditionnaire.

Sois indulgent, mon cher Emmanuel, pour cette correspondance et ces pages de carnet écrites à la hâte : tout cela était rédigé chaque soir au courant de la plume sur mes genoux et par une chaleur torride.

Je te demande donc de lire ces lignes avec ton cœur.

Maintenant, ouvre ton atlas à la page « Afrique », et, si ma petite leçon ne contribue pas à te donner le prix de géographie, elle aura eu tout au moins l'avantage de te faire connaître une question de la plus haute importance et qui devient, chaque jour, plus intéressante.

Au siècle dernier, on se préoccupait peu de connaître le continent africain.

Les puissances européennes avaient bien fondé quelques comptoirs, mais cette occupation se bornait à une installation sommaire sur les côtes, et, à part quelques missionnaires ardents qui pénétraient dans l'intérieur pour évangéliser, aucune puissance n'émettait de prétentions à la conquête.

Vers le milieu du siècle, l'instinct commercial de certaines nations se développa et se substitua à la curiosité scientifique.

Les explorateurs, subventionnés d'abord par des Sociétés savantes, le furent ensuite par des Sociétés financières : ils avaient pour mission d'ouvrir aux négociants de leur pays des débouchés commerciaux.

Les premiers résultats acquis furent tels que les Etats Européens ne tardèrent pas à créer des missions officielles auxquelles ils donnèrent la consécration de leur Pavillon.

Que se passa-t-il alors ? C'est que chacun des explorateurs, muni des pleins pouvoirs de son Gouvernement, se mit en mesure de conclure, par la force ou par la ruse, une série de traités avec les différents chefs indigènes, traités dans lesquels ces chefs reconnaissaient plus ou moins le protectorat de la nation à laquelle appartenait l'explorateur.

Et, un beau jour, il advint que ces voyageurs qui au début avaient travaillé à remplir les vides de la carte, et dans un but géographique, se trouvaient avoir conquis et partagé le continent africain comme une simple galette des Rois. Il ne restait plus un pouce de terrain de libre.

Tu prévois facilement, mon cher Emmanuel, ce qui devait fatalement arriver.

Certains chefs indigènes avaient signé les mêmes traités avec des explorateurs différents, et à tous ces voyageurs ils avaient fait les mêmes promesses.

Que leur importait leur signature apposée au bas de ces contrats, si, en échange, ils obtenaient des cadeaux et autres libéralités !

Un beau jour, les puissances rivales exhibèrent l'une à l'autre tous ces beaux papiers, et, dans un moment de calme et de sage raison, on préféra régler à l'amiable toutes ces contestations.

Toutefois on voulut déguiser cet esprit de conquête et ne pas laisser percer le bout de l'oreille : aussi les puissances crurent nécessaire d'organiser une convention internationale pour réprimer et abolir l'esclavage.

C'était une idée noble et généreuse ; — plusieurs tentatives avaient été déjà faites dans ce but utilitaire. On profita de ces conférences pour régler le partage du gâteau, je veux dire du continent africain.

La conférence de Berlin, en 1885, régla toutes les conditions du partage, et, comme les frontières naturelles étaient, pour la plupart, encore inconnues, on adopta des limites purement géographiques, les méridiens et les parallèles.

Ces limites conventionnelles séparaient les *zones d'influence* des divers États, zones dans lesquelles chaque puissance pouvait à son gré lancer ses explorateurs, sans craindre une compétition rivale.

Pour nous occuper spécialement des conquêtes françaises, je te dirai que, le 10 août 1890, une convention entre la France et l'Angleterre réglait la limite des possessions des deux pays dans le bassin du Niger et nous donnait particulièrement le droit de réunir en un seul tenant nos possessions d'Algérie, du Sénégal et du golfe de Guinée.

Un point seulement restait en litige : c'est le fameux lac Tchad, et sa conquête était fort importante pour nous puisque c'est le point de départ de toutes les caravanes qui remontent vers le nord.

Et ce point restait en litige parce que les Anglais réclamaient le protectorat du royaume de Sokoto. Quelle était la limite de ce royaume au nord et vers le lac Tchad? Voilà ce qu'il importait de connaître.

C'est la mission qui fut confiée au brave commandant *Monteil*.

Avant de te parler de la mission du commandant *Monteil* dont je ne connais le résultat que depuis ma rentrée en France, je veux te donner quelques idées sur les deux grandes colonies du Sénégal et du Soudan.

L'historique de la fondation de cette colonie africaine est utile à connaître. Les renseignements que je possède sur cette question m'ont été donnés par le commandant *Quiquandon*, un de nos officiers d'infanterie de marine les plus distingués, qui faisait avec moi la traversée de Marseille à Dakar.

Ce jeune officier a parcouru le Sénégal et le Soudan, tantôt seul, tantôt avec diverses missions militaires et c'est avec le plus grand plaisir que j'ai écouté sur le bateau ses récits de voyages ; je les ai consignés dans mes notes personnelles et ils ont une place toute marquée dans cette préface de la guerre du Dahomey.

Le nom de *Soudan* est une désignation géographique très vague.

La limite nord est à peu près le parallèle qui passe par le coude du Niger à Tombouctou.

La limite sud suit à peu près le 9e parallèle jusqu'à hauteur du Dahomey, remonte vers le nord jusqu'à Say, sur le Niger, pour atteindre près du lac Tchad à Barraoua.

A l'est, il est limité par les vallées supérieures des affluents de gauche du Nil.

A l'ouest, par la côte comprise entre Saint-Louis et Sierra-Leone.

Orographie. — L'orographie est très simple et se réduit à deux massifs montagneux :

1° Le Fouta-Djallon ;

2° Le massif Sikasso-Natinian.

Le massif du Fouta-Djallon qui atteint 1,340 mètres au mont Daro a, comme contreforts, les monts du Bambouck, du Gangaran et du Manding.

Ce massif est très tourmenté et présente l'aspect de grandes déchirures taillées à pic, dont les parois d'un rouge brun sont abruptes et sans aucune végétation. Ces montagnes ferrugineuses emmagasinent une chaleur intense et semblent enveloppées d'une atmosphère tremblotante qui leur donne un aspect étrange.

Le massif Sikasso-Natinian ne présente pas du tout le même aspect : c'est ce massif qui forme la boucle du Niger et, tout en ayant la même altitude que le Fouta-Djallon, il comprend des vallées à pentes très douces et à l'aspect de collines bleuâtres formant des gradins successifs et de même teinte.

Hydrographie. — Là encore deux grands fleuves :

1 Le Sénégal ;

2° Le Niger.

Tous deux prennent naissance dans le Fouta-Djallon, coulent

parallèlement vers le nord, puis se tournent le dos ; l'un, le Sénégal, va se jeter dans l'Océan à Saint-Louis ; l'autre, le Niger, après un parcours très long, vient se jeter dans le golfe de Guinée en formant un vaste delta.

Le Sénégal est formé à Bafoulabé du Bakoy et du Bafing. Il ne reçoit qu'un affluent de gauche qui mérite d'être signalé, la Falémé, fleuve superbe pendant une partie de l'année et qui, pendant les mois les plus chauds, n'apporte au Sénégal qu'un mince filet d'eau franchissable à pieds joints et courant au fond d'un beau lit de sable. A son confluent, cette rivière a 400 mètres de large et des berges de 7 et 8 mètres de haut.

Le Sénégal est composé d'une série de biefs déversant en saison sèche juste leur trop-plein dans le bief suivant. Les barrages qui séparent ces biefs sont tantôt formés par de véritables murailles de roches sans fissures ; l'eau se précipite alors en formant des chutes splendides comme celles de Gouina, du Felou ; tantôt aussi ils sont formés par des roches de plus petites dimensions émergeant à peine de l'eau comme à Kayes. Quelquefois enfin ces barrages sont produits par des bancs de sable, comme à Tuabo.

La navigation est donc fort difficile par la saison sèche : elle s'opère à l'aide de chalands légers que l'on transporte à bras pour franchir les barrages.

Dans la saison d'hivernage, au contraire, les barrages disparaissent, la crue du fleuve atteint 12 et 15 mètres, et on peut voir débarquer à Kayes, par exemple, des marchandises venant directement de France par bateaux à vapeur.

En août et septembre, les pilotes se guident sur les cimes des arbres de la berge qui émergent de l'eau, et il n'est pas rare de voir des bateaux à vapeur assez forts sortir, sans s'en douter, du lit du fleuve, et s'échouer dans l'intérieur des terres quand les eaux viennent à baisser.

Les petits affluents du Sénégal s'appellent des « marigots » ; ce sont des petits canaux à courants variables ; s'il a plu dans les contrées qu'ils traversent, ils portent leurs eaux au fleuve ; si, au contraire, c'est le fleuve dont les eaux sont hautes, le courant se produit en sens inverse.

Le Niger et la Bénoué, son affluent de gauche, arrosent la partie occidentale du Soudan et les royaumes riches et peuplés, tels que le Macina, situé dans la boucle du fleuve, le Sokoto situé sur la rive gauche, et le Noupé, au confluent des deux rivières.

Le Niger est embarrassé comme le Sénégal par des cataractes et des rapides qui en rendent la navigation fort difficile. Il se jette dans le golfe de Guinée en formant un vaste delta marécageux et insalubre.

Races. — Trois races principales :

1° La race blanche représentée par les Maures et formée par le croisement des Berbères-Zenaga avec des Arabes. Les Maures habitent la rive droite du Sénégal et se partagent en trois grandes tribus, les Trarzas, les Bracknas et les Douaich. Au milieu des Maures vivent également quelques tribus berbères ou arabes : ce sont les Ouled-el-Hadj, les Ouled-Mahmoud, les Ouled-Nacer et les Ouled-Embarck, réputés les meilleurs cavaliers du Sahara. Les Maures vivent sous la tente et sont nomades ;

2° La race peulhe qui est intermédiaire entre la race blanche et la race noire. Les Peulhs n'ont pas les cheveux crépus, mais lisses ; leur peau a un ton chaud et ambré ; leur langage est harmonieux, et leurs mœurs fort douces. Ils ne se rasent pas la tête comme les nègres.

Les Peulhs ne cultivent pas la terre ; ils élèvent des bestiaux et habitent, dans des cases en paille, les environs des villages qu'ils approvisionnent de laitage. Les femmes peulhes sont fort jolies et fort coquettes ;

3° Enfin, la race noire qui comprend plusieurs types très différents :

Les Ouolofs, race intelligente, presque civilisée qui fournit d'excellents soldats, de très bons ouvriers et des commerçants de premier ordre ;

Les Dhiolas qui habitent la Casamance ;

Les Bagas, qui sont au rio Nunez ;

Les Mandingues qui habitent le Haut-Sénégal et le Niger, et qui se divisent en deux grandes tribus : les Bambaras et les Malinkés.

Le mélange de ces trois races a produit :

Le Pourogne, mélange du Maure et du Nègre ;

Le Toucouleur, mélange du Peulh et du Nègre ;

Le Sarakholet, mélange du Peulh et du Mandingue.

Toutes ces races sont de religion musulmane, sauf les Mandingues qui sont fétichistes.

Historique de la conquête. — La France n'a été précédée par personne sur la côte du Sénégal ; dès 1626, un comptoir est créé à Saint-Louis.

En 1664, le Sénégal est acheté par la Compagnie des Indes occidentales fondée par Colbert. Cette colonie subit des fortunes diverses : elle est conquise par les Anglais, puis reprise par nous un certain nombre de fois ; mais le traité de Paris, en 1815, nous la concède d'une façon définitive.

L'occupation toutefois ne commence à être effective que lors de l'arrivée au Sénégal du commandant Faidherbe en 1854. A cette époque, la nécessité de maintenir notre influence et de repousser les incursions des indigènes, le désir de rattacher le Sénégal au Niger ont décidé le Gouvernement Français à envoyer dans le Haut-Fleuve plusieurs missions militaires, bientôt suivies d'expéditions.

L'historique de la marche des Français vers le Niger se lie intimement avec celui de l'empire d'El-Hadj-Omar, à peu près réduit aujourd'hui au royaume Toucouleur de Ségou.

Il y a trente ans, le cheick El-Hadj-Omar, marabout sénégalais, rêve, au retour de la Mecque, de lever l'étendard de la guerre sainte, de jeter les Français à la mer et de ruiner tout le pays nègre.

Le commandant Faidherbe était occupé à réduire à l'obéissance les Maures et les Trarzas, lorsqu'il apprend les intentions d'El-Hadj-Omar et sa marche victorieuse dans le Fouta-Djallon jusque sous les murs de Médine, poste français établi sur le fleuve du Sénégal. Toute tentative de secours était momentanément impossible. Il fallait attendre la baisse des eaux.

Médine était défendue par un mulâtre de Saint-Louis, Paul Holle, homme d'une énergie et d'un courage à toute épreuve ; malgré la faiblesse de sa garnison qui ne se composait que de 7 Européens et de 22 soldats noirs, Paul Holle soutient le blocus pendant 97 jours, jusqu'au moment où le commandant Faidherbe vint le délivrer en rejetant El-Hadj-Omar sur le Niger.

Dans sa retraite, le marabout dévastait tout sur son passage et il continuait la guerre sainte contre toutes les tribus environnant son royaume.

En 1864, cependant, il fut battu et tué par les Peulhs de Tombouctou et son royaume fut partagé entre ses fils, dont l'un, Ahmadou, lui succéda à Segou.

La conquête du Sénégal semble stationnaire jusqu'en 1880, époque à laquelle le capitaine Gallieni obtient, non sans peine, qu'Ahmadou consente à signer un traité reconnaissant le protectorat français depuis les sources du Niger jusqu'à Tombouctou.

L'occupation prend alors des points d'appui : on crée de nombreux postes dans le Haut-Niger, entre autres ceux de Bafoulabé, Kita et Bammako. Ces postes sont reliés à Saint-Louis par le télégraphe. Le tracé d'un chemin de fer est étudié.

La ligne de pénétration solidement établie sert de base à de petites colonnes qui explorent le pays et assurent la pacification en signant des traités avec les chefs indigènes, tels que Samony et Tiéba qui entrent en relations commerciales avec nous.

De plus, il fallait songer à relier ces possessions du Haut-Fleuve avec celles de la côte de Guinée.

Le capitaine Binger, de l'infanterie de marine, fut chargé de cette mission. Il partit de Bammako et vint aboutir sur la côte à notre colonie de Grand-Bassam.

C'est le premier Européen qui ait pu pénétrer dans le pays de Kong jusqu'alors inexploré.

Notre protectorat prenait donc une grande extension et nos canonnières commençaient à circuler sur le Haut-Fleuve avec le projet de descendre jusqu'à Tombouctou, lorsque vers 1890, Ahmadou, le roi toucouleur de Segou, sembla manifester quelque indépendance et ne tenir aucun compte des traités passés avec nous.

Le colonel Archinard s'empara de sa capitale et le poursuivit jusqu'à Nioro, dans le Kaarta, où il s'était réfugié avec toute l'armée toucouleur forte d'environ 8,000 hommes.

Ahmadou, de nouveau battu, se réfugia chez les Maures et le Kaarta fut annexé à nos possessions. Mais cette première révolte avait eu un contre-coup et avait laissé espérer à notre ancien allié Samory, qu'il pourrait lui aussi entrer en lutte avec nous.

On organisa aussitôt des colonnes expéditionnaires contre Samory dont l'audace n'avait plus de bornes depuis que les Anglais, jaloux de nos succès dans le Soudan, lui assuraient un ravitaillement en armes et en munitions.

Samory n'est pas un guerrier d'origine royale. Il est né de parents Dioulas (marchands ambulants, caravaniers) dans le Konia. Dès l'âge de seize ans, il commence à voyager pour son propre compte. Pendant une de ses absences, le roi Sori-Ibrahima prend le village habité par sa mère et emmène cette dernière en captivité.

De retour, Samory offre ses services à Sori en échange de la liberté de sa mère. Sa bravoure, son intelligence le font, au bout de peu de temps, placer à la tête d'une armée ; après avoir guerroyé pour le compte de Sori, il guerroie pour son propre compte et toutes ses expéditions sont couronnées de succès.

Bientôt une querelle s'élève entre son ancien maître et lui ; le sort des armes le favorise toujours et il écrase Sori-Ibrahima dans une bataille qui dure trois jours et il le fait périr dans les fers.

Dès lors, l'ambition de Samory s'accroît encore; sa cruauté, la puissance de son armée lui assurent la conquête de tous les pays environnants. Il essaie d'abord de lutter contre nos armes, sent qu'il ne peut résister et finit par se soumettre.

Mais, comme je le disais plus haut, poussé par les Anglais à se révolter contre nous, il commence par s'entendre avec Ahmadou et, aussitôt la défaite de celui-ci, il vient inquiéter la base d'opérations du colonel Archinard.

La situation était grave. Le colonel Archinard demande un effort à sa colonne dont il pouvait tout attendre : il traverse à marche forcée le Bélédougou, franchit le Niger, enlève dans un terrible assaut le tata de Diéna, parcourt le Baninko et, malgré les vides produits dans sa colonne (l'assaut de Diéna nous avait coûté 110 blessés, dont 9 officiers, sur 400 combattants réguliers,) il remonte le Niger pour le franchir au-dessous de Siguiri et se jeter sur Samory qui s'enfuit devant cette attaque imprévue. Kankan et Bissandougou, la capitale de Samory, sont enlevés.

Mais ce coup de force ne mit pas fin aux hostilités.

Pendant l'année 1892 le colonel Humbert dut livrer aux bandes de l'Almany des combats nombreux et asseoir la domination par la création de postes fortifiés à Sanankoro et à Kérouané (anciennes places fortes de Samory).

La lutte devenait d'autant plus longue et plus difficile que les Anglais de Sierra-Leone continuaient leurs manœuvres déloyales en fournissant à l'Almany des armes et des munitions en abondance.

Il importait d'isoler le plus rapidement possible ce dernier de la colonie anglaise. Dans ce but, une première colonne (capitaine Briquelot), envoyée par le lieutenant-colonel Combes, remonta le cours du Niger, occupa Taramah et Erinnankano dans la première quinzaine de février 1893, après avoir dispersé les bandes qui opéraient dans cette région pour assurer et faciliter le ravitaillement de Samory.

Tandis que cette colonne opérait à l'ouest des territoires de

Samory, le lieutenant-colonel Combes avec le gros du corps expéditionnaire partait de Siguiri, ravitaillait nos postes de la vallée de Milo, passait à Konkon, à Bissandougou et organisait dans notre poste de Kérouané sa base d'opérations.

Sachant que Samory se trouvait entre le Niger et le Milo, avec Guelaba (80 kilomètres au nord de Mousardou) comme centre, le colonel Combes détacha une colonne (capitaine Dargelot) au sud et au sud-ouest de Kérouané pour recueillir les bandes du Haut-Niger, tandis qu'il se portait lui-même contre Samory vers Guelaba.

Le télégramme ci-après, envoyé le 24 mars 1893 au ministre de la marine par le colonel Archinard, commandant supérieur du Soudan, fait connaître les résultats obtenus.

« Le colonel Combes est de retour de Kérouané, après une
« course de 650 kilomètres dans l'est, qui a duré trente-quatre
« jours. Il a visité Guelaba où s'étaient concentrées les bandes
« des sept chefs de Samory et Samory lui-même. Une de ces
« bandes comportait 700 fusils à tir rapide et 300 chevaux.

« Le colonel a tout bousculé, malgré la force des positions
« choisies par l'ennemi. Les combats ont eu lieu presque tou-
« jours en forêt.

« Toutes les bandes que Samory avait dans l'est ont subi un
« véritable désastre, leurs débris ont été repoussés fort loin.
« Samory est abandonné. Sa préoccupation est de cacher sa
« retraite même à ses fidèles. On le croit dans le sud

« La fraction de la colonne partie avec le colonel Combes
« comptait 103 Européens ; il n'y a pas eu un seul décès parmi
« eux. Au total, nos pertes sont, pendant cette magnifique cam-
« pagne, de 3 Européens légionnaires blessés, 34 indigènes tués
« ou blessés, ou disparus.

« Aucune perte dans le personnel non combattant. La frac-
« tion commandée par le capitaine Dargelot est de retour avec
« plein succès de sa tournée au sud-ouest de Samankaro ; elle
« a ramené 1,100 prisonniers enlevés à Samory et fait un gros
« butin.

« La fraction commandée par le capitaine Briquelot poursuit
« le peu qui reste des bandes de Balali. Il a fait un butin con-
« sidérable. Les pertes des deux côtés ont été aussi très
« faibles.

« La puissance de Samory est complètement détruite par ces
« résultats.

Sans admettre que cette campagne évitera à tout jamais une
nouvelle lutte dans le Soudan français, on peut espérer que
Samory, se trouvant actuellement dans l'impossibilité de renouveler ses approvisionnements, le calme et la tranquillité seront
rendus pendant plusieurs années à ces provinces du Haut-Niger
où la guerre était à l'état endémique depuis si longtemps.

La population du Sénégal et du Soudan est relativement peu
nombreuse. La cause en est tout entière dans les luttes entre
indigènes et dans les guerres sanglantes et désastreuses que se
font les souverains noirs de cette contrée.

Les pays tranquilles et commerçants, comme le Fouta-Djallon
et le pays de Kong, sont parmi les plus peuplés, tandis que les
Ouassoulou et le Segou, déchirés par des guerres sans nombre,
sont dépeuplés et couverts de ruines.

Ce manque de population pourrait devenir une source de difficultés pour l'exploitation du territoire conquis. Une autre
source de difficultés au Soudan consiste dans la différence des
races et des religions.

L'accueil que nous avons reçu dans notre marche en avant
au Soudan a varié suivant les populations et les religions.

Bien que le capitaine Binger fasse grand éloge des musulmans du pays de Kong, de leur civilisation qui est incompa-
rablement supérieure à celle des fétichistes, il faut reconnaître
que nos plus grands ennemis au Soudan ont été et seront toujours, à de rares exceptions, les partisans de l'Islam ; El-Hadj-
Omar, Ahmadou, Samory étaient musulmans.

Habitations. — Les Européens se sont installés à Saint-Louis,
Dakar, Gorée, etc., et, depuis quelques années, dans les villages
qui bordent la ligne du chemin de fer.

Dans ces villes, on voit aujourd'hui de fort jolies habitations vastes, bien aérées, avec balcons et terrasses. Les maisons ne sont pas élevées : elles n'ont généralement, à part quelques exceptions, qu'un seul étage ; elles sont couvertes en briques.

Nos postes fortifiés sont généralement composés d'un mur d'enceinte crénelé avec flanquements et, à l'intérieur, un ou plusieurs pavillons d'habitation dont le rez-de-chaussée sert de magasin.

Les villages indigènes du Oualo, du Cayor, du Fouta sont composés d'une série de cases en paille disposées sans ordre. Les cases appartenant à un même individu sont reliées entre elles par des nattes grossières et forment ainsi un groupe ; parfois ces groupes ainsi que les cases sont reliés par une petite haie ; l'espace entre deux ou plusieurs groupes forme des rues à largeur variable et absolument tortueuses.

La case elle-même est ronde ; les murs en paille ont environ 1^{m},20 de haut et sont recouverts d'un chapeau conique.

Du côté de Bakel, les grosses nattes en paille formant les murs sont remplacées par des murs en terre glaise et les abords des villages sont défendus par un fossé creusé en avant d'une ligne d'abatis ou de palissades.

Il suffit pour se rendre maître de ces villages de lancer sur le côté du village où souffle le vent quelques obus incendiaires : le village est aussitôt évacué.

Chez les Mandingues, la toiture conique n'existe pas. La case est carrée et les murs sont en torchis très épais. C'est ce qu'on nomme la case bambara. Le toit forme terrasse. Parfois on trouve quelques cases à un étage, mais c'est très rare.

Les différentes cases bambaras appartenant à un même individu sont reliées entre elles par un mur en terre de 2 à 3 mètres d'épaisseur.

Autant de propriétaires, autant de groupes de cases et d'îlots se flanquant les uns les autres.

Tous ces pâtés de groupes sont entourés par un mur d'enceinte de 5 à 6 mètres de hauteur, que l'on nomme tata et qui présente une défense sérieuse.

Productions. — On a beaucoup reproché au Sénégal et au Soudan leur infertilité. Dans les récits des voyageurs on ne trouve souvent aucune concordance.

Les uns vantent ce pays à l'excès, les autres le dénigrent à plaisir : il y a exagération de part et d'autre.

En réalité, pendant la saison sèche, le pays est dénudé, brûlé par le soleil, absolument stérile ; le sol est blanc, sablonneux, à peine couvert de quelques pailles jaunies et desséchées.

Mais, lorsque la saison des pluies arrive, le pays se transforme, le sol se couvre d'une végétation riche et abondante.

Le mil, le maïs, le riz, l'arachide se développent rapidement, presque sans culture préalable. Le coton, le tabac, le café, les graines oléagineuses, l'amande de palme, le ricin y poussent d'une façon merveilleuse. Le caoutchouc, la gutta-percha s'y trouvent en grande quantité.

On trouve de l'or au Soudan : les gisements aurifères sont dans le Bambouck, le Bouré et le Lobi ; les gisements sont fort riches, mais les moyens primitifs dont usent les indigènes ne sauraient donner de grands rendements.

On a bien entrepris d'exploiter l'or du Bambouck, mais on a dû cesser le travail, les bénéfices étant presque nuls.

Mais il faut ajouter que c'est surtout le climat meurtrier qui a fait avorter ces travaux.

Tu me demandes, mon cher Emmanuel, quel est l'avenir de ces pays ?

C'est une question que l'on me pose à chaque instant et qu'il est bien difficile de résoudre.

Jette cependant un coup d'œil d'ensemble sur la carte d'Afrique et vois quel immense pays se trouve en ce moment sous le protectorat de la France, depuis l'Algérie au nord jusqu'à la côte de Guinée et depuis le Sénégal jusqu'au lac Tchad : tu te rendras bien compte de l'importance pour la France de s'étendre jusqu'en ce point.

Jusqu'à présent les récits peu nombreux des voyageurs avaient dépeint les pays avoisinant le Tchad comme une sorte d'Eden, d'une fertilité remarquable, où le bétail pullule et où les céréales abondent.

Élisée Reclus dit d'une manière générale en parlant de ces régions que, « grâce à la fécondité du sol, à la richesse de la flore, le bassin du lac Tchad, les vallées et les plaines qu'arrose le Chari deviendront peut-être un jour la partie la plus prospère des Indes africaines. »

Au point de vue géographique, le lac est situé à peu près à 270 mètres au-dessus du niveau de la mer ; il reçoit les eaux du royaume de Bornou, de Baghirmy et des pays au sud du Ouadaï, et d'une partie du Darfour. C'est une vasque plate aux bords très irréguliers.

Vers le nord, c'est-à-dire vers le désert, le terrain s'élève assez régulièrement jusqu'au plateau d'Aïr, jusqu'au mont Eummo, sur la route du Fezzan, puis jusqu'aux hauteurs du Tibesti.

Vers l'est, le bord de la vasque se raccorde à la limite extrême du Ouadaï. Vers le sud-est, direction où l'on a pénétré jusqu'à 500 kilomètres environ, le sol ne semble s'élever que d'une façon insensible. La vallée du Chari ne serait séparée des affluents de droite du Congo que par un seuil peu élevé.

Au sud, la ligne de faîte se trouve vers le Bénoué, à 200 kilomètres ; à l'ouest vers le Niger, à 600 kilomètres.

Le lac lui-même affecte la forme d'un triangle aux angles arrondis. Il a environ 240 à 250 kilomètres du sud au nord, et 160 kilomètres de l'ouest à l'est.

Les contours du lac sont très indécis et varient suivant la quantité d'eau que lui versent ses affluents :

Du nord et du nord-est, c'est-à-dire du steppe et du désert, il ne reçoit aucun cours d'eau.

Le tributaire de l'ouest est le Yobé qui vient du pays haoussa, et dont le débit est fort variable ; mais le cours d'eau le plus important est le Chari ou Ba-Bousso : pour pouvoir évaluer approximativement son débit, il faudrait l'observer au moment des plus hautes et des plus basses eaux. Quand Nachtigal le traversa en temps de crue, il n'avait pas moins de 900 mètres de large et une profondeur moyenne de 2 mètres.

Vers l'est, se trouve le lit d'un ancien tributaire, le Bahr-el-Ghazal, aujourd'hui desséché.

Le Tchad est parsemé d'îles nombreuses où se sont réfugiées les populations pimitives chassées par des invasions successives.

Comme tu le vois, le lac Tchad est, par le fait de sa situation géographique, l'objectif des Allemands, des Anglais et des Belges.

Plusieurs de nos explorateurs ont vainement tenté d'y arriver pour y planter le drapeau français ; ils y ont trouvé la mort : tu as entendu parler du massacre des missions Crampel et Fourneau en 1891.

Depuis, les noms célèbres de Dybowski et Maistre, du lieutenant Mizon doivent également être connus de toi ; mais celui qui a triomphé de toutes les difficultés est le commandant Monteil.

Les récits de son exploration sont très intéressants, et je vais te les résumer en quelques mots, afin que tu n'ignores pas les résultats de cette expédition dont on parle tant en ce moment.

Comme je te l'ai dit, il importait, à la suite de la convention de 1890 avec l'Angleterre, de déterminer quels étaient les territoires appartenant à l'empire de Sokoto.

Tel était le but de la mission Monteil.

Le commandant partit de France le 20 septembre 1890 et, deux mois après, il était à 1,600 kilomètres de Saint-Louis du Sénégal, à Ségou.

Après s'être adjoint l'adjudant Badaire et un interprète, il composa sa caravane qui comprit douze ânes et onze bœufs porteurs pour les bagages.

Il quitta Ségou le 23 décembre 1890 et se dirigea sur Kinian où il rejoignit la mission du capitaine Quiquandon.

Le capitaine était accompagné du Dr Crozat ; il avait été

envoyé auprès du roi Tiéba avec la consigne d'exciter la haine du roi contre Samory et de l'engager même à lutter avec nous pour écraser ce voisin dangereux.

Quant au Dʳ Crozat, il avait exploré le Mossi et ses renseignements furent précieux au commandant Monteil qui allait le traverser à son tour.

On resta alors sans nouvelles de l'explorateur qui suivit l'itinéraire ci-après : Sikasso, Banca, Bassoura, Yako, Kano, Ouazou.

Le 1ᵉʳ juin, Monteil, après avoir traversé un désert de 80 kilomètres, arrive à Zebba, capitale du Yagha, où il reste un mois atteint de dysenterie.

Il gagne enfin Say sur le Niger qu'il franchit à la fin d'août 1891.

Dans le Djerma, sur la rive gauche du Niger, le voyageur fut pillé ; à Guiaorré, il dut s'arrêter en raison des moustiques.

Dix jours après, il faisait son entrée à Sokoto où, grâce aux lettres que lui avait données le roi Gueladjo, il reçut un accueil enthousiaste du Sultan qui porte le titre de Commandeur des Croyants du Soudan, qui lui remit, en échange de marchandises, des traites sur Kano.

La mission quitta la grande ville de Sokoto le 28 octobre et arriva à Kano, la capitale du royaume, le 23 novembre.

Kano est une ville immense, aux rues larges et propres, où l'eau coule en abondance. Le marché est très important.

Monteil traversa alors le Bornou sans aucune difficulté et atteignit Kouka, le 10 avril 1892, où il fit une entrée solennelle ; il séjourna dans cette ville pendant quatre mois et arriva sur le lac Tchad, à Barroua, le 24 août.

De ce point il se dirigea par des marches très pénibles dans le désert, gagna après des fatigues inouïes l'oasis de Kaouar.

A partir de ce point, les étapes furent encore plus dures ; rien n'en saurait donner l'idée. La marche dans les dunes, dans les sables mouvants, en plein désert, était terrible.

Enfin, à Mourzouk, la mission fut reçue avec enthousiasme par le pacha et elle put gagner Tripoli sans incidents.

Le commandant Monteil a donc complété l'œuvre géographique de ses devanciers en poursuivant son but patriotique : planter le premier le drapeau de la France sur les bords du lac Tchad.

Il a admirablement dirigé ses opérations et n'est venu à bout de son entreprise qu'à force de patience et de courage.

J'ai cru utile, mon cher Emmanuel, de te donner cet aperçu, afin que tu puisses te rendre compte que les événements de la côte du Dahomey ont une liaison intime avec ceux du Soudan et du Sénégal.

Je saisis cette occasion pour remercier ici les camarades qui ont bien voulu me communiquer ces notes si intéressantes et qui m'ont permis de faire, de ces lettres écrites au jour le jour, un ensemble de documents précieux pour l'étude de cette belle campagne.

Puissent les récits de ces pages glorieuses, faire connaître aux enfants de ton âge, les noms de leurs aînés qui ont travaillé, qui ont lutté... et qui sont morts pour la gloire de leur chère France !

Buzancy, 1er juin 1893.

CHAPITRE II

Je pars pour le Dahomey. — Rencontre du Dr B. — Mœurs et coutumes des Dahoméens. — Les amazones. — Les guerriers. — Température. — Climat. — Hygiène. — Productions du pays. — Grande conversation philosophique. — Qu'est-ce que le « Bâton »? — Commerce. — Industrie. — Les « Voleurs du Roi ». — Avenir de la colonisation. — Rôle des missionnaires.

A bord du *Pélion*, le 3 décembre 1891.

Lettre a M. G..., sergent a l'École spéciale militaire

Mon cher ami,

Tu m'as fait promettre, en nous quittant, il y a un mois, de t'envoyer des nouvelles aussitôt mon arrivée au Dahomey ; tu me demandais de te donner force détails sur les mœurs des habitants.

Une circonstance fortuite vient de me permettre de satisfaire ta curiosité ; ma première lettre sera donc pour toi : je la déposerai à Saint-Louis où le prochain départ pour la France te la rapportera.

La traversée a mal débuté : la mer était mauvaise ; un coquin de mistral nous prenait de flanc et nous avons commencé à danser ferme : c'est un mauvais début ; je ne suis pas descendu dans la salle à manger et beaucoup de mes camarades ont fait comme moi.

Je les retrouve dans ma cabine et leur tenue n'est pas faite pour me réconforter.

Triste nuit, aussi triste qu'elle a été longue!

Le réveil a été plus agréable : je monte sur le pont et des odeurs de benjoin nous arrivent de la côte d'Espagne : je me sens tout ragaillardi.

Mon souvenir se reporte au départ d'hier, je me rappelle les adieux de ces bons Marseillais qui nous souhaitaient bonne chance, je vois encore leurs mouchoirs, leurs chapeaux volant en l'air... — Au revoir! A bientôt! Hourra! Vive la France!...

Les yeux se mouillent : on répond du fond du cœur, parce que l'émotion nous angoisse et qu'on ne peut parler ; mais on agite son mouchoir jusqu'à la sortie de la jetée, d'où partent encore les derniers adieux et on se surprend tout rêveur. Le phare du Planier commence à scintiller ; la nuit tombe ; mais, hélas ! le vent ne fait pas comme elle et le cœur commence à se barbouiller.

Ce matin, tout est calme, on procède à la toilette du pont ; il vaut mieux ne pas se promener, au risque de recevoir quelques seaux d'eau qui nous sont malicieusement destinés.

Le bruit monotone de l'hélice vous berce, on sent le navire glisser silencieusement sur le clapotement léger des vagues ; on suit de l'œil la longue traînée blanche qui indique la route parcourue.

A mon réveil, je vois sur le banc d'en face un monsieur enveloppé dans un vaste burnous arabe ; il faut croire que ma jeune frimousse de sous-lieutenant l'intéresse, car il ne me quitte pas des yeux. Nous engageons la conversation. C'est un médecin de la marine qui retourne au Dahomey !

Quelle aubaine ! Nous allons peut-être enfin causer de ce pays qui m'intéresse tant. Mon voisin m'interroge beaucoup, je

Les Amazones.

lui réponds de fort bonne grâce et m'aperçois que le bonhomme ne demande qu'à délier sa langue. Je mets la conversation sur le Dahomey et... le voilà parti.

Je voudrais l'interroger sur tout ce qui me passe par la tête ; puis je réfléchis que nous sommes pour quelques jours ensemble. Sachons ménager notre homme et modérer notre curiosité.

Ma première question, comme tu le penses, c'est la guerre et les guerriers de ce pays.

Le Dahomey, me dit le docteur, est un des pays les plus riches de la côte de Guinée. C'est moins un État militaire puissant qu'un peuple de pillards bien organisé et protégé dans son repaire par la nature elle-même.

Dans ces conditions, le peuple est fait pour la guerre ou, pour mieux dire, pour le brigandage et le principal revenu du roi du Dahomey, c'est la vente des captifs, et cela depuis un temps immémorial. La côte, du reste, porte le nom géographique de côte des Esclaves.

Tandis que les peuples voisins qui guerroient entre eux font des captifs pour leurs besoins personnels, le roi du Dahomey ne fait de captifs que pour les transformer en bétail humain et les négocier aussitôt.

Outre ses guerriers, le roi a des amazones dont vous n'êtes point sans avoir entendu parler.

On n'est pas tout à fait d'accord sur le mode de recrutement de cette troupe régulière. Certains auteurs prétendent que chaque habitant doit fournir au roi une de ses filles apte au service militaire ; d'autres, au contraire, assurent que le corps des amazones aurait une certaine analogie, comme recrutement, vous me comprenez bien, avec nos compagnies de discipline.

Quoi qu'il en soit, ces guerrières, une fois enrôlées et soumises aux lois militaires, deviennent rapidement aptes au métier qu'elles ont adopté par goût ou par force.

Elles sont particulièrement attachées à la garde royale ; ce ne sont pas des hordes sauvages, comme vous pourriez le croire.

Leur attitude est fière et résolue : elles sont armées pour la plupart de fusils et de couteaux manchettes ; sans être absolument uniforme, leur tenue se compose de pagnes de couleurs éclatantes qu'elles savent draper avec beaucoup de goût.

Vous auriez tort de les considérer comme quantité négligeable, car, au combat, elles sont remarquables par leur courage et leur furie ; au combat d'Atchoupa, elles se ruaient sur les baïonnettes avec une bravoure prodigieuse.

De même que les guerriers, elles sont excitées par le goût du pillage et du brigandage.

Le Dahoméen n'a pas l'instinct noble du guerrier ; il ne prévient pas son adversaire, il lui tombe dessus par surprise.

On s'empare alors brutalement des hommes, des femmes et des enfants et le tout est emmené captif pour être vendu.

Le trafic des esclaves n'est pas le seul but de ces actes de brigandage ; cette chasse à l'homme sert également à alimenter les sacrifices humains.

Vous avez entendu parler en France de ces fameux sacrifices humains du roi du Dahomey : mais il faut avoir causé avec les témoins de ces atrocités pour se faire une idée de l'horreur qu'elles peuvent inspirer.

C'est à l'occasion des grandes fêtes que ces actes de barbarie ont lieu : tous les ans, vers le mois d'août, le roi ordonne ces sacrifices. Qu'il le veuille ou non, il ne peut s'y soustraire. Les féticheurs l'exigent.

J'ai eu l'occasion, pendant mon séjour au Dahomey, d'entretenir sur ce sujet le D⊦ Bayol, un de mes amis qui a été lieutenant-gouverneur et qui, envoyé en mission pour traiter avec Behanzin, à Abomey, a dû assister, contre son gré, à ces terribles massacres.

Quand la conversation était mise sur ce chapitre, Bayol, qui est cependant un homme brave et énergique, qui a fait ses preuves en colonne, sentait encore la sueur lui perler sur le front.

Pendant tout le temps qu'ont duré les négociations, notre compatriote et ceux qui l'accompagnaient ont été témoins de ces atrocités. Ils demandèrent à être dispensés d'assister à ces coutumes, on le leur refusa.

On égorgea pendant leur séjour plus de 500 esclaves ; quand la mission se rendait au palais, elle marchait dans le sang qui coulait littéralement dans les rues.

Des amas de têtes fraîchement coupées étaient placés de chaque côté de l'entrée de la demeure royale.

Les cadavres de ces malheureux restaient exposés en pleine rue ; une odeur nauséabonde se répandait dans toute la ville...

Au milieu de tout cela, une populace en délire chantant, dansant, hurlant...

Ces coutumes barbares se reproduisent au moment de la mort du roi et à toutes les occasions de fête. Il ne faut pas cependant nous en étonner beaucoup ; dans la Rome antique, vous le savez, les sacrifices humains étaient très fréquents.

Vers la fin du siècle dernier, l'Angleterre et la France prirent l'initiative de l'abolition de la traite des nègres ; mais le commerce n'en continua pas moins, et les Portugais s'y distinguèrent tout particulièrement, malgré les efforts et la surveillance des croiseurs des nations civilisées.

Même à l'heure actuelle, certains Etats d'Europe semblent animés du plus grand désir de supprimer l'esclavage ; mais, comme leurs intérêts sont contraires à ces beaux principes, ils sacrifient ceux-ci sans vergogne.

Si, dans la campagne que nous livrons en ce moment à Samory, celui-ci trouve des ravitaillements en armes et en munitions, c'est qu'il trouve aussi des acquéreurs pour ses captifs. Il en est de même, du reste, pour Behanzin qui tire de la colonie voisine toutes les armes avec lesquelles il lutte contre nous.

Et ce sont nos bons voisins les Allemands qui protègent ce trafic honteux. Des renseignements personnels me permettent de vous affirmer le fait.

Aussi, selon moi, la campagne du Dahomey n'est pas terminée ; dès que Behanzin sera ravitaillé, il recommencera la lutte.

Tu penses, mon bon G..., si j'écoutais attentivement mon interlocuteur. Enfin mon rêve se réaliserait ; ce n'est pas comme un garnisaire que j'allais aux colonies, mais bien pour y faire colonne.

Le brave docteur lut ma joie dans mes yeux et lui-même il parut enchanté de m'initier à ce pays où il avait passé près de deux ans.

Le sujet « hygiène » vint rapidement dans la conversation.

Ah ! pour cela, mon cher camarade, me dit-il, suivez bien mes conseils. Ce sont ceux d'un vieil africain ; je n'ai guère quitté la colonie et combien en ai-je vu de jeunes officiers comme

Massacres pendant les Grandes Coutumes.

vous, frais et roses, heureux de vivre, débarquer un beau jour au Sénégal ou ailleurs; puis, sans tenir compte des conseils de leurs anciens ou des habitants du pays, faire imprudences sur imprudences; alors la fâcheuse anémie les prenait, la fièvre ne les quittait plus et ils m'arrivaient à l'hôpital.

Et l'hôpital, mon pauvre enfant, dans ces pays-là, n'est que l'antichambre de la mort. — Quels que soient les soins que nous prenions, nos pauvres malades sont enlevés par cette chaleur lourde que nous ne pouvons combattre; ils sont pris par le délire, ils ne peuvent aspirer le volume d'air suffisant à leurs poumons, cet air étant raréfié par la chaleur; ils succombent à l'épuisement.

C'est donc la fièvre que nous avons à combattre sous forme d'accès pernicieux avec complications du côté du foie, hépatite, dysenterie, etc.

Mais je ne veux pas vous effrayer, mon cher camarade; je veux seulement vous rendre service, en vous donnant de bons conseils.

Ils se résumeront en quelques mots. Ne faites au Dahomey d'excès d'aucune sorte. Evitez de sortir tête nue; ne campez pas près des lagunes. Ne buvez pas trop d'eau.

En un mot, ne comptez pas sur votre constitution pour braver le climat; il n'y a pas de constitution humaine qui résiste à ces imprudences.

Prenez donc des précautions et, pour l'amour de Dieu, n'ayez point de respect humain; laissez faire et dire les jeunes écervelés; plaignez-les plutôt, car ils ne font pas long feu dans les colonnes; ils encombrent vite mes hamacs... et cela me fait enrager parce que j'en ai peu et que je les réserve pour mes blessés.

Je ne vous ai pas parlé de mes confrères indigènes. Ceux-là méritent une description toute particulière et j'ai assisté à des choses bien curieuses sur ce sujet. Vous allez me dire que je suis dans mon élément en critiquant mes confrères, mais vous allez en juger.

Il y a au Dahomey deux sortes de médecins : le médecin du liquide, qui ne prescrit que des boissons, et le médecin des solides, qui ne prescrit que des aliments. Vous pensez bien que les prescriptions de ces deux Esculapes peuvent se neutraliser; mais, la plupart du temps, on ne consulte, suivant la maladie, qu'un des deux spécialistes et, le plus souvent, le patient n'y résiste pas.

Le climat du pays, je vous le disais tout à l'heure, est chaud et humide, et cela pendant la nuit comme pendant le jour, pendant l'été comme pendant l'hiver.

La température moyenne varie entre 25° et 27° ; grâce à une légère brise de mer on parvient à respirer pendant quelques heures durant la journée, mais cela ne soulage que fort peu.

Il n'y a au Dahomey que deux sortes de climats correspondant aux saisons, qui sont sèches ou humides, suivant que le soleil s'éloigne ou se rapproche du zénith.

Du 15 mars au 15 juillet, le soleil s'est éloigné : c'est la grande saison des pluies.

Jusqu'au 15 septembre, c'est une petite saison sèche.

Du 15 septembre au 15 décembre, c'est la petite saison des pluies, des petits orages.

Enfin, jusqu'au 15 mars, c'est la grande saison sèche ; c'est la plus pénible et c'est par celle-là que vous débutez. Vous allez faire la connaissance d'une brise de nord-est dont vous me direz des nouvelles.

C'est bien plus pénible que le sirocco, en Algérie, et cependant j'ai connu des siroccos où j'avais l'illusion d'habiter un four de boulanger.

L'*harmatan*, qui se fera sentir le mois prochain, vous grille littéralement la peau; on croit que tout va prendre feu autour de soi, et c'est cependant la bonne saison pour arriver au Dahomey. C'est la saison la plus saine.

C'est la plus saine, en effet, parce que le vent souffle. Aussi ne vous étonnerez-vous pas de voir des nègres grelotter de froid le mois prochain et, quand vous consulterez votre thermomètre, vous y lirez avec stupéfaction qu'il y a 25° au-dessus de 0.

Les orages au Dahomey sont fréquents. Ils sont terribles comme dans tous les pays chauds.

Nous avons eu, le 23 mars 1890, un orage dont je me souviendrai toute ma vie. La colonne était allée, sous le commandement du commandant Terrillon, faire une reconnaissance sur Godomey.

Vers dix heures du matin, nous croyons entendre le canon tonner sur nos derrières : on s'inquiète, on craint pour les amis que l'on a laissés dans le village de Kotonou; bref, on revient sur ses pas.

A ce moment nous sommes surpris par une tornade effroyable. J'ai cru que c'était la fin du monde.

Cette tempête en forêt était des plus grandioses.

Le vent mugissait dans les arbres et le tonnerre couvrait le tout, comme l'artillerie de tout un corps d'armée vomissant de la mitraille.

Le déluge dégringolait à plaisir sur nos pauvres *marsouins* plus trempés que des soupes ; ils marchaient sans se plaindre dans ces chemins devenus des fondrières : c'est là que vous allez les admirer, ces braves petits soldats ; comme vous allez les aimer et les apprécier !

Nous sommes rentrés, le soir, à Kotonou : il n'y avait eu aucune alerte. C'était le tonnerre qui nous avait trompés.

Je ne sais si c'est parce que nous causions tempête, mais toujours est-il que le vent s'élevait avec une certaine violence ; je me hâtai de regagner ma cabine ; nous étions en vue de Carthagène et le détroit est toujours mauvais.

La nuit fut terrible ; j'entendais le navire craquer et je me demandais avec angoisse s'il n'allait pas se disjoindre...

Enfin, de même que pour la tempête du docteur, le vent se calma et je pus, le lendemain, remonter sur le pont.

A mon regret, hélas ! nous avions perdu de vue les côtes de Gibraltar et je me faisais une si grande joie de contempler ce rocher anglais !

Mon docteur avait été malade, lui aussi ; et c'est avec joie qu'il montait sur le pont prendre sa part de cette douce brise qui nous remettait d'aplomb.

La côte se détachait devant nous comme un mince ruban ; à la lunette on distinguait cependant des rochers, des pentes abruptes et quelques taches rougeâtres semblables à de hautes falaises.

Le paysage ne m'attirait pas : j'eus vite fait de mettre mon compagnon de voyage sur son sujet favori.

Quelle est la religion des Dahoméens ? lui demandai-je. — Sur cette question, je puis vous répondre en toute connaissance de cause. Je suis, par mes fonctions de médecin, appelé à me rencontrer avec les ministres des différentes religions au chevet des malades et j'ai eu de longs et sérieux entretiens avec les missionnaires français qui habitent ce pays.

Les nègres sont fétichistes, c'est-à-dire qu'ils adorent des objets naturels, animaux, plantes, etc.

Ils ont une vague idée d'un Dieu, mais ils ont surtout certaines pratiques religieuses qu'ils accomplissent sans les comprendre.

Les féticheurs qui tiennent à conserver une très grande influence sur leur esprit ont développé chez eux la crainte du démon qu'ils appellent *oricha*.

Leur religion consiste donc à se rendre l'oricha, ou plutôt les orichas favorables ; pour cela, ils immolent leurs animaux domestiques, ils lui offrent des noix de kola, au besoin, immolent un être humain dont ils étalent les entrailles devant le dieu pour l'apaiser.

Ils ont le culte du fétiche et en portent sur eux, afin de détourner les maléfices, les malheurs qui peuvent leur arriver.

La plupart de ces amulettes consistent en dents, griffes d'animaux, de perroquets ou de singes, des cauris, coquillages, etc.

Les nègres portent ces amulettes sur eux, ou sur leurs animaux domestiques : les guerriers, les amazones en sont couverts ; ils en ont une qu'ils préfèrent à toute autre, c'est une queue de cheval, de vache ou de cabri.

Lorsqu'un Dahoméen meurt, il est d'usage d'immoler une poule. Cette poule immolée sert de passeport au défunt pour entrer dans l'autre monde.

Les féticheurs ont une très grosse influence dans le Dahomey :

pour vous en donner un exemple, il suffit de vous dire qu'un des ancêtres de Behanzin, Guezo, a été empoisonné par ses féticheurs pour avoir voulu restreindre, je ne dis pas supprimer, les sacrifices humains.

Et, quant à Behanzin lui-même, il n'a qu'à bien se tenir s'il veut conserver son influence et son autorité : les féticheurs seraient les premiers à le faire disparaître, s'ils n'avaient plus confiance en lui.

C'est une espèce de franc-maçonnerie occulte qui dirige le pays tout entier et à laquelle le roi lui-même est soumis.

Les coutumes chez les nègres tiennent lieu de lois, mais elles ne sont pas établies ni codifiées. C'est surtout le régime du bon plaisir et du caprice. Ce sont, en principe, les chefs et les féticheurs qui rendent la justice.

Le nègre ne prête pas serment, il accepte une épreuve, et, selon le résultat de l'épreuve, il est déclaré coupable ou innocent.

L'épreuve consiste à boire l'oricha, c'est-à-dire à boire un liquide que lui donnera le féticheur. S'il est coupable, la liqueur doit le tuer ; s'il est innocent, elle ne lui fait aucun mal.

Vous voyez d'ici quelle puissance possède le féticheur sous le couvert de l'oricha. Selon qu'il veut, ou non, se défaire d'un individu quelconque, il lui impose l'épreuve de l'oricha et l'envoie dans un monde meilleur.

Et le dilemme est serré : si le nègre refuse l'oricha, c'est se déclarer coupable ; il n'y a plus qu'à le livrer au bourreau.

Vous voyez par là combien ces féticheurs ont une influence prépondérante dans l'administration des affaires publiques.

J'oubliais de vous parler du culte du Serpent sacré. C'est le fétiche de la Sagesse, disent les Dahoméens.

Temple des Serpents, à Widah.

Au moment de la création, le premier homme et la première femme étaient aveugles. Ce fut le Serpent qui leur ouvrit les yeux et il devint à ce titre le bienfaiteur de l'humanité.

A Widah, les indigènes lui ont élevé un temple, et on promène en procession solennelle un énorme boa ; toutefois, personnellement, je n'ai jamais assisté à un spectacle pareil.

Tous les écrivains qui ont parlé des coutumes du Dahomey en font de curieuses descriptions. Je n'ai pu constater, pour ma part, qu'une chose, c'est le respect que tout nègre a pour ces hideux reptiles.

On vient de sonner le déjeuner. Nous quittons à regret le banc où nous étions si bien et nous descendons dans la salle à manger. Au premier coup de fourchette, j'ai ressaisi mon bon docteur ; il fonctionne à merveille et cause de même.

J'amène facilement la conversation sur la nourriture des nègres.

Les nègres, nous dit-il, se nourrissent presque exclusivement de maïs. Quand il est tendre ils le préparent en le faisant bouillir ou griller. Quand il est mûr et sec, ils l'écrasent dans un mortier en bois, pour en séparer le son ; ils jettent le maïs dans un vase plein d'eau et recueillent le son qui nage à la surface. Puis la farine est roulée en forme de boulettes de pâte que l'on cuit au four.

Ce soi-disant petit pain s'appelle *akassa*. Outre le maïs, le nègre mange des racines qu'il fait griller sous la cendre : ce n'est pas fameux, pas plus du reste, que la patate du pays ; ces tubercules ont, à peu près, le goût désagréable des pommes gelées. Il faut aussi parler de la farine de manioc qui n'est, en somme, que du mauvais tapioca. C'est avec la farine de manioc que se prépare l'*oka*, qui correspond à notre café du matin. C'est une boisson très nutritive.

Toutes ces farines, bouillies ou grillées, sont assaisonnées avec l'huile de palme, qui, avec le sel et le poivre, forme les condiments de la cuisine nègre. Cette huile est fournie par un palmier spécial dit palmier à huile, ou palmier de Guinée.

Les provisions de campagne du guerrier se composent presque exclusivement de haricots secs qui sont grillés ou frits dans l'huile de palme.

L'indigène ne boit que de l'eau, mais sa passion favorite, c'est le tafia. Avec le tafia, on obtient tout ce qu'on veut ; le nègre, qui est d'un naturel apathique au plus haut degré, se réveille dès qu'il entend parler de *gin* ou de *tafia*.

Une boisson fermentée qui est également très recherchée, c'est le vin de palme, qui n'est autre chose que la sève du palmier ; on l'obtient en faisant une forte incision au sommet de l'arbre et le liquide coule douceâtre, surchargé d'alcool ; si l'on vient à en boire avec excès, il grise abominablement.

Ce breuvage ne peut se conserver longtemps ; il devient aigre et se corrompt très rapidement.

On a essayé déjà de cultiver la vigne.

Les essais ne semblent pas avoir donné jusqu'à présent des résultats encourageants.

La vigne pousse bien, le raisin est beau, mais il n'est pas mangeable et fournit un vin détestable.

Il ne faut pas cependant se hâter de conclure que la science a dit son dernier mot : il faudra peut-être amender les terres, les améliorer par des engrais convenablement choisis et la colonie pourra fournir, un jour ou l'autre, du vin semblable à celui d'Algérie.

Nous remontons sur le pont. L'air est léger, la fraîcheur délicieuse ; la digestion, aidée par un pur havane que m'offre ce bon docteur, donne une sensation de véritable bien-être.

Je m'arrache cependant à ce doux *far-niente* pour mettre sur le papier toute la conversation du déjeuner et te l'envoyer telle qu'elle est encore présente à mon souvenir.

— Ce matin, je reprends ta lettre ; si je continue ce ne sera plus une lettre, mais un véritable journal que tu recevras et, grâce à mon collaborateur inespéré, tu vas avoir sur le Dahomey de précieux renseignements ; en donnant libre cours à ton imagination fertile, tu pourras par la pensée suivre mes étapes presque pas à pas.

Hier soir, à neuf heures, la nuit était tellement douce que je n'ai pu rester dans ma cabine. Je me suis habillé et je suis remonté sur le pont.

Immobile dans son burnous, fumant sa bouffarde noire, j'ai retrouvé mon docteur, mon compagnon fidèle.

Quoique très renfermé par nature, je vois que ma jeune société ne lui déplaît pas trop et nous abandonnons ce soir quelque peu le Dahomey.

Nous philosophons à perte de vue sur le métier militaire. Pour lui, hélas ! toutes les grandes croyances religieuses et philosophiques, toutes les théories sociales, tous les principes de morale se réduisent à néant ou à peu près.

La crainte du gendarme semble être la seule ligne de conduite de cet homme désabusé, ne croyant à rien, écœuré et ennuyé de vivre.

Il n'a ni parents, ni amis ; dès qu'il a eu obtenu son grade de docteur et son premier galon, il a demandé à être envoyé en Algérie et n'a pas quitté les postes les plus dangereux.

Sa première campagne au Dahomey a failli le tuer, c'est justement pour ce motif qu'il a demandé d'y retourner.

Il n'a pas d'amis, t'ai-je dit et il ne veut pas s'en créer : les amis, dit-il, c'est comme les chiens : il vaut mieux ne pas en avoir, cela finit toujours mal.

On sent, tout en l'écoutant, qu'il a fait table rase de tous les souvenirs de son enfance et que tous les doux sentiments de l'amitié, de la famille, de l'amour sont autant de mensonges, autant de folies, autant de vanités.

On voit qu'il a dû souffrir terriblement dans sa vie, qu'une déception profonde, qu'un chagrin terrible ont dû briser son existence. Il a dit adieu à ceux qui lui portaient de l'affection et il veut disparaître sans laisser aucune trace de lui-même.

Pourquoi cependant lui qui ne parle à personne sur le bateau, a-t-il bien voulu passer de longues heures déjà à m'entretenir et à satisfaire ma curiosité ?

C'est un problème que je ne puis résoudre encore.

Cette sécheresse de cœur, ce manque de foi, de lumière me révoltent : je cherche à le lui laisser comprendre, je m'emballe dans mes arguments, je sens mon enthousiasme grandir, je veux lui communiquer, avec mon ardeur juvénile, les illusions de ma jeunesse, et mon âme de poète semble toute meurtrie devant ce matérialisme sec et froid comme le marbre.

Je commence à le prendre pour un être un peu timbré ; il s'en aperçoit, mais ne s'en émeut pas.

Je sens qu'il recherche surtout en moi un contradicteur ayant une foi ardente, ayant la fraîcheur morale de la jeunesse et qu'il est heureux de retrouver les sentiments sous lesquels il a vibré, ses sensations d'autrefois... quand il était croyant, quand il était sensible et délicat.

« Quel est alors, lui demandai-je, le sentiment humain auquel vous obéissez en risquant chaque jour la mort au chevet des malades, pendant les ravages d'une épidémie ? Pourquoi, puisque vous admettez ces principes qu'il n'y a ni foi, ni dévouement pour le présent, ni récompense dans l'avenir ? Quel est donc le sentiment qui vous guide ? Vous vous calomniez en parlant ainsi, et vous ne pensez certes pas un mot de cette atroce profession de foi que vous venez de m'exposer.

Je sens, au contraire, ajoutais-je, que vous êtes foncièrement bon, un fort brave homme aimant votre prochain et que vous faites le bien avec une satisfaction intime qui proteste contre tous vos blasphèmes.

Vous êtes aigri contre la société actuelle qui a tué l'idéal de toutes choses en les ramenant au sens pratique, et par la seule raison que vous avez eu des déceptions, que vous en avez peut-être encore, vous en arrivez à tout nier et, heureux de ne plus croire à rien, vous avivez votre souffrance en laissant votre cœur aller à la dérive.

Je m'exalte, je m'emballe, je le sens, et vous me considérez avec pitié, mais au fond, avouez-le..... n'est-ce pas que vous m'enviez ?

Dites-le franchement, n'est-ce pas que vous enviez mon enthousiasme, et que dans ce milieu de gens aux goûts et aux idées prosaïques, cela vous semble bon tout de même de me voir chevaucher dans le bleu de ces grands sentiments que vous admirez quand même.

Je suis fils de militaire, mon cher docteur, et, dès ma plus tendre enfance, j'ai rêvé au jour trois fois heureux où je porterais mon épaulette !

La vie de régiment m'a toujours semblé une légende fantastique et je n'ai jamais pu songer que je pourrais choisir une autre carrière que celle des armes.

Lorsque je voyais mon père descendre de cheval après la manœuvre, me prendre dans ses bras et me demander si j'avais bien travaillé pendant son absence, je sentais naître en mon cœur une joie immense, indéfinissable d'être le fils de cet homme bardé de fer qui me semblait un chevalier du moyen âge, un héros d'ordre surnaturel.

Je le vois encore, à son lit de mort, souriant à tous ceux qui l'entouraient, heureux et fier de cette blessure reçue en pleine charge à Gravelotte, demandant que ses épaulettes et que sa croix de la Légion d'Honneur fussent placés à son chevet et, sans maudire le sort qui le frappait à mort, donner une dernière bénédiction aux siens et jeter un dernier regard ému à tout son passé d'honneur, de devoir et de sacrifice.

Eh bien ! vous comprenez que cette scène lugubre n'a pas dû calmer mon goût pour le métier. Au contraire, c'est avec plus d'ardeur que je me suis mis au travail, prenant toujours pour modèle cet homme honnête et bon qui fut mon père, ce brave qui avait payé sa dette à son pays, qui avait gagné son épaulette par toute une vie de travail, qui mettait l'honneur avant toute chose, et qui m'a transmis, comme seul héritage, son épée et son esprit militaire.

La veille de mon départ, je suis allé lui dire adieu dans le petit cimetière de Buzancy où il repose dans la paix éternelle et, un peu ému de cette séparation qui peut être complète, j'ai fait le serment silencieux, intime, de donner, moi aussi, ma vie en échange d'une action glorieuse.

Je me suis souvenu de cette phrase de Virgile :

« Une postérité vengeresse sortira de nos os, » et c'est avec une fierté profonde, en contemplant mon uniforme tout flambant neuf, que j'ai quitté le lieu de repos, ayant au cœur cette joie immense qui transforme et illumine le cœur.

Et ce contentement de moi-même, cet enorgueillissement de tout mon être, cet idéal inexplicable, si vous le voulez, c'est mon culte, c'est ma foi, c'est mon guide dans toutes les actions de ma vie.

Ces sentiments, je le sais, ne sont pas ceux de tout le monde : j'ai vu quelques-uns de mes camarades d'école comprendre autrement la carrière militaire ; je les ai entendus raisonner le choix de leur régiment, y faire entrer un intérêt immédiat et personnel, laisser paraître une soif de bien-être, désirer faire un beau mariage dans une garnison agréable, en un mot régler leur existence comme celle d'un bon propriétaire.

Eh bien ! non, mon cher Docteur, je ne puis admettre de pareils sentiments. J'aime mieux mourir d'une balle dans la tête, si Dieu le permet; mais, au moins, j'aurai la conscience de n'avoir pas mené cette vie bourgeoise, mesquine et raisonnée, et, au contraire, d'avoir mené la vie la plus noble qui soit encore sur cette terre.

Allons, n'est-ce pas que vous m'approuvez et que vous dites en vous-même : « Voilà un garçon qui a du cœur et qui pense juste ?»

Pour toute réponse, je vis mon docteur se lever brusquement, secouer, par un geste saccadé et nerveux, sa pipe noire sur son pouce, puis me serrer vigoureusement la main.

Sans dire un mot, il tourna les talons et ramena brusquement son burnous sur l'épaule gauche : je le vis descendre l'escalier qui conduisait à sa cabine.

Pardon, mon cher ami, si je bavarde ainsi avec toi, mais je te connais, tu es un esprit sérieux et tu comprendras facilement pourquoi je t'écris tout cela... Tu retrouves dans cet entretien avec le docteur toute notre conversation dans le petit bois près du Marchfeld et, ma foi ! cela nous rajeunit tous deux d'un an, et c'est toujours agréable. C'est ton avis, n'est-ce pas?

Je continue ma lettre.

Ce matin, en quittant ma cabine, j'ai retrouvé le D' Brünner faisant les cent pas sur la dunette ; dès qu'il m'aperçut, il vint très cordialement au-devant de moi et, me prenant les deux mains, il me dit d'un ton fort affable :

« Mon cher enfant, vous m'avez fait beaucoup de plaisir
« hier soir et vous aviez raison; votre jeunesse a rafraîchi mon
« cœur vieux et sceptique ; mais, voyez-vous, il ne faut pas
« m'en vouloir, j'ai été élevé à l'école du malheur et je souffri-
« rai toute ma vie de ce qui a été brisé dans mon cœur; j'ai
« toujours quelque chose de funèbre qui plane sur mon esprit
« et j'ai des angoisses terribles quand j'agite tous ces souve-
« nirs. Ne parlons donc plus des tristesses du passé et soyons
« tout au présent.

« Je trouverai toujours en moi-même un petit coin de gaieté
« pour me mettre à votre hauteur, et vous n'entendrez plus
« mes lamentations qui sont ridicules, je le reconnais.

« Voulez-vous, pour oublier tout cela, que je vous raconte
« encore quelques traits de mœurs du Dahomey, ce pays qui
« vous intéresse si fort. »

Tu penses que je ne me fis pas prier pour changer la tournure de l'entretien et j'en profitai pour demander au docteur ce que c'étaient que les bâtons de Behanzin. J'avais lu dans les journaux que le roi nègre avait envoyé un bâton au gouverneur et cela m'intriguait beaucoup.

— Le bâton, me dit-il, est chez les nègres l'insigne du commandement.

Celui qui détient le commandement, que ce soit le roi, ou ses ministres ou autres dignitaires, a un bâton garni d'un anneau de fer à l'une de ses extrémités et, toutes les fois que ce chef transmet un ordre ou toute autre correspondance ayant un caractère officiel, le porteur du message est possesseur d'un bâton qui sert à le faire reconnaître et protéger s'il était nécessaire.

Ce sauf-conduit doit être respecté comme le chef lui-même : on lui doit les mêmes honneurs et les mêmes marques extérieures de respect.

Il y a trois sortes de bâtons :

Le bâton de grande cérémonie qui n'est envoyé qu'aux ambassadeurs ou aux personnages de grande qualité ;

Le bâton ordinaire qui sert dans les négociations de commerce ou avec les autorités de moindre importance ;

Le bâton amical qui est employé dans l'échange des correspondances personnelles ou dans les relations courantes de la vie.

Quand le roi envoie un message avec son bâton officiel, celui-ci est porté par un chef faisant partie de la cour du roi.

Lorsque le cabécère, accompagné de son état-major, est introduit dans la salle de réception, tous les assistants se lèvent et gardent le plus profond silence. Au moment où le bâton est dégagé des gaines de soie qui le recouvrent, toute l'assemblée se prosterne à terre et c'est dans cette position que le message royal est lu.

La réponse est donnée avec le même cérémonial et le bâton a servi pendant toute la négociation de sauf-conduit au délégué du roi.

Nos chefs de factorerie ont souvent employé le même moyen pour protéger leurs marchandises contre la rapacité des indigènes.

Le commerce a pour point de départ les factoreries qui sont des comptoirs établis par des maisons européennes en différents points du littoral. Les maisons vendent au détail ou en gros à des commerçants indigènes qui se rendent ensuite dans les foires et les marchés.

L'exportation comprend particulièrement : le coton, les amandes, l'ivoire, l'huile de palme et, tout spécialement, les arachides qui servent aux fabricants de Marseille à confectionner l'huile d'olive.

Elle comporte également tous les objets fabriqués dans le pays : les étoffes, les calebasses, les instruments de musique, etc.

L'importation comprend les étoffes, les verroteries et, ce qui est plus dangereux, les alcools de betterave et autres, baptisés sous le nom de gin ou de tafia.

Les comptoirs principaux appartiennent à différentes maisons de Marseille et elles s'occupent tout particulièrement de l'achat de l'huile de palme et des arachides.

L'huile de palme est obtenue en écrasant dans un immense récipient les amandes de palme. Sur la bouillie épaisse qui se forme, on jette de l'eau à la surface de laquelle l'huile apparaît bientôt et est recueillie dans des calebasses sous forme de graisse savonneuse.

Cette graisse est très employée dans les savonneries ou dans les fabriques de stéarine.

Les arachides, au contraire, servent à confectionner cette excellente huile d'*olive* si appréciée par les amateurs. Je vous le dis ici, mais ne le répétez pas à Marseille, vous vous feriez arracher les yeux.

Quant aux objets fabriqués, ils n'ont rien de bien remarquable.

A part le fer, le cuivre et l'or qui sont assez imparfaitement travaillés, les nègres fabriquent peu de bijoux et presque pas d'armes ; ils font quelques objets en vannerie, tels que des chapeaux, des nattes en feuille de palmier, mais ne fabriquent que la poterie grossière sans aucune valeur artistique.

Les indigènes du pays Décamé et ceux de la haute vallée de l'Ouémé travaillent le cuir et en font d'assez élégants fourreaux de sabre, des besaces ouvragées de teintes différentes qui ont un certain cachet.

Le commerce est sous la haute protection du roi qui accorde aux négociants européens le droit de s'établir sur le territoire et de le parcourir librement.

Toutefois il y a de nombreuses restrictions et les négociants doivent les observer scrupuleusement sous peine de se voir *fermer les chemins*, ce qui veut dire que tout négoce leur est désormais interdit.

Ces restrictions sont les suivantes :

Ils ne peuvent vendre les étoffes semblables à celles fabriquées dans le pays par les indigènes. Ce serait une concurrence qui ne serait pas admise.

Marché de nuit à Widah.

Ils ne peuvent modifier leurs prix. Le même objet ne peut être vendu à des prix différents. Les factoreries doivent donc s'entendre pour adopter une série de prix qui doit être invariable.

Ils ne doivent pas se plaindre quand ils sont volés, car le vol est une institution d'État, organisée régulièrement sous la haute direction du Ministre du Commerce, lequel est le bras droit du roi et son *alter ego*.

Le vol est une institution régulière, parce qu'il n'y a pas de budget.

Tout dans l'État appartient au roi, lequel a le droit absolu de prélever sur ses sujets, aussi bien sur les grands que sur les petits, les revenus nécessaires à alimenter la caisse royale.

Le roi tolère volontiers que ses grands cabécères prélèvent également des impôts, mais malheur à celui qui, trop gourmand, cherche à s'arrondir avec excès : il se trouve aussitôt désigné à la rapacité du monarque qui use largement de son droit en pillant le grand dignitaire cupide.

Dans ce pays, les volés ont souvent la grande joie de voir pendu celui qui les a tondus de trop près. C'est une légère consolation, mais elle suffit à modérer les exactions des chefs de province.

De plus, le roi a auprès de chacun de ses subordonnés des espions attitrés qui le renseignent et il ne ferait pas bon de chercher à se soustraire à cette inquisition.

Ces espions sont placés surtout auprès des négociants européens : ils surveillent toutes les négociations et ont pour mission d'en rendre compte au roi.

Je vous ai dit combien était facile la perception de l'impôt. Une classe de fonctionnaires, appelés les « voleurs du roi », est chargée de cette importante besogne.

Comme tout repose sur l'arbitraire et le bon plaisir du roi, on aurait fort mauvaise grâce à se plaindre à qui que ce soit.

D'autre part, il y a lieu de considérer qu'à part ces voleurs officiels on n'en signale aucun autre dans le pays ; ce serait faire une concurrence déloyale au roi et nul n'oserait s'y hasarder.

Les négociants ont accepté bon gré, mal gré, ces coutumes, et, sous peine de se voir « fermer les chemins », ils sont forcés de s'y soumettre ou d'abandonner leurs factoreries, car ils ne pourraient ni vendre ni acheter. Aucun indigène n'oserait leur apporter les produits du pays ; la confiscation et l'amende seraient les moindres des peines qui leur seraient infligées dans cette circonstance.

Ils ont bien essayé de vouloir obtenir du roi la réglementation des taxes et des impôts, mais ce bon monarque a fait la sourde oreille — et je le comprends assez volontiers ; — ce système si commode lui permet d'avoir toujours son budget en équilibre, et pour rien au monde il ne voudrait consentir à adopter les habitudes en usage en Europe ; il aurait trop peur de faire connaissance avec le fâcheux déficit !

Pour l'avenir de cette colonie, il serait indispensable que le commerce soit protégé contre ces saisies arbitraires qui peuvent éloigner de la côte tous les négociants européens.

Comment obtiendra-t-on ce résultat ? C'est une question qui doit se poser à l'esprit de tout bon administrateur.

Les traités de commerce que l'on pourra imposer au roi devront nécessairement comprendre des clauses stipulant l'abolition de ces razzias malhonnêtes. Mais c'est surtout par la civilisation, par l'éducation de ce peuple que l'on devra commencer.

J'en arrive tout naturellement à vous parler de la « colonisation », continua le docteur.

C'est un sujet un peu aride, je le reconnais ; mais, si vous voulez bien me continuer votre attention, vous pourrez vous convaincre que c'est une question des plus intéressantes pour notre pays.

Toutes les nations européennes cherchent en ce moment des débouchés en Afrique. Il existe sur ce continent des pays immenses non encore explorés, qui peuvent être pour les métropoles des sources de bénéfices incalculables.

L'Angleterre tient la tête de ces nations : elle attache à la création de ces comptoirs, à la conquête de ces régions lointaines une importance capitale ; aussi ne néglige-t-elle aucun effort, soit en hommes, soit en argent, pour obtenir ce résultat.

La France marche plus timidement dans cette voie, non pas qu'elle soit parcimonieuse en hommes et en argent, mais la crainte d'être entraîné dans une expédition lointaine, dangereuse et coûteuse, tient le Gouvernement dans une circonspection fâcheuse.

On se préoccupe trop en France de l'opinion publique, et cette hésitation est préjudiciable à tous nos progrès.

Est-ce à dire que nos explorateurs sont moins hardis et moins vaillants que les Anglais ! Ne le croyez pas, car la liste de ces courageux pionniers de la civilisation est longue.

Mais les Anglais ont un élément colonisateur bien supérieur au nôtre dans un autre ordre d'idées. Je veux parler des missions protestantes.

Vous me direz que nous avons en France nos missionnaires catholiques qui remplissent le même rôle avec la même ardeur,

Le Père Dorgère.

avec la même conviction et le même dévouement. Vous me citerez le long martyrologe de ces vaillants Français qui sont morts en évangélisant sur le continent africain, et, cependant encore, je resterai persuadé que nous sommes inférieurs aux Anglais.

Vous savez, mon cher enfant, quelles sont mes doctrines philosophiques, je ne veux plus revenir sur ce sujet, mais vous constaterez avec plaisir que, sur la question du rôle des missionnaires, j'ai des opinions très larges et je souhaiterais qu'en France tout le monde pensât de même que moi.

Excusez-moi de vous citer constamment le peuple anglais, mais c'est grâce à l'énergie du Parlement et au zèle des missions protestantes que les colonies anglaises prirent une si grande extension.

Les congrégations anglicanes cherchent à évangéliser, cela n'est pas douteux, mais elles poursuivent un but éminemment patriotique : c'est d'inculquer aux indigènes qu'elles convertissent la haine du « papisme » et du « catholicisme ».

En agissant ainsi, elles neutralisent l'influence française ; c'est presque le seul et véritable but qu'elles recherchent.

Il est donc indispensable qu'en France nous suivions la voie tracée par tous les hommes d'État éclairés qui, sans esprit de parti, ont étudié les questions coloniales, et qui tous, lorsqu'ils avaient la direction des affaires politiques françaises, ont soutenu, par tous les moyens en leur pouvoir, le zèle et le dévouement de nos missionnaires.

Les écoles créées dans toutes nos colonies ont soutenu au loin la gloire du pavillon français et ont contribué à lui donner la grande place qu'elle doit occuper dans les continents extra-européens.

Si donc vous entendez raisonner de ces hautes questions et s'il vous tombe sous les mains un philosophe en chambre niant l'influence du missionnaire dans la colonisation française, proposez-lui le petit voyage que j'ai fait depuis le commencement de ma carrière militaire.

Il en reviendra complètement transformé et pourra s'attendre même à de nouvelles surprises.

Sur ce, mon cher ami, je ferme ma lettre et t'embrasse. Ne me saute pas au cou, voilà huit jours que je n'ai pas fait ma barbe, je ne suis pas présentable.

A toi bien affectueusement.

H.

La barre à Kotonou.

CHAPITRE III

Débarquement à Kotonou. — La Barre. — Préparatifs de campagne
Menaces de Behanzin

A bord du *Pélion*, le 13 décembre 1891.

Lettre a Mme Morienval a Buzancy (*Ardennes*)

Ma mère bien-aimée,

Nous venons de quitter Dakar et nous ne nous arrêterons plus maintenant qu'à Kotonou ; pendant que le bateau a repris sa monotone allure, je remonte sur le pont avec mon cahier de notes continuer mes douces rêveries.

Le paysage défile devant mes yeux, mais il n'a rien de séduisant ; le pays semble désolé ; à part quelques roches crayeuses, tachant de blanc l'horizon indéfini, la côte est basse et sablonneuse ; de temps en temps, un bouquet de palmiers rabougris, une dune plus élevée que les autres peuvent servir de points de repère.

Le cap Vert m'a semblé mériter son nom, la côte est verdoyante, semée de falaises et de nombreux ilots de lave ; une haute chaîne de montagnes s'avance en promontoire ; ce sont les hauteurs de Sierra-Leone ; elles paraissent couvertes d'une riche végétation ; puis la côte des Graines, le cap Palmas.

Enfin nous voilà dans le golfe du Bénin ; l'aspect est uniforme ; il n'a pas changé depuis quelques jours ; la plage présente un aspect plat, de forme allongée ; une ligne blanche indique la terre.

A hauteur du cap des Trois-Pointes, un point blanc se distingue très nettement : c'est, paraît-il, le fort anglais de Dixcove ; le pays aux alentours semble verdoyant et pittoresque, mais la côte reprend vite son aspect monotone. C'est une succession de dunes sablonneuses qui semblent couvertes de broussailles ; on voit que la mer a franchi en certains points ce bourrelet de monticules pour créer en arrière de grandes lagunes où viennent se jeter les rivières qui descendent à la côte.

On me montre le premier poste français : nous sommes dans les eaux du Protectorat ; la côte est toujours bien plate ; un brouillard assez intense couvre le rivage et, avec le docteur, nous cherchons, mais en vain, à distinguer, même à la lunette, la ville de *Widah*, un des principaux centres du Dahomey.

Nous approchons : voici Kotonou qui est en vue ; mais, hélas ! nous mouillons si loin de la côte que je devine à peine quelques baraques, des sémaphores et une ou deux têtes de palmiers.

Je me souviendrai longtemps de mon débarquement sur la côte du Dahomey.

Nous n'avions pas plutôt jeté l'ancre que le bateau est entouré de pirogues longues, dont la poupe a la forme de tête de requin, montées par des nègres musclés, d'une souplesse étonnante ; sur leur peau huileuse ruissellent la sueur et l'eau de mer ; nous prenons place, deux de mes camarades et moi, dans une de ces pirogues ; les dix hommes font entendre un hurlement qu'ils répètent en cadence afin d'utiliser leurs efforts. Le chef barreur, un nègre aux formes splendides, se tient debout avec son aviron à l'arrière de la pirogue. Nous avons les yeux fixés sur lui.

Nous avançons rapidement ; les hommes commencent à souffler bruyamment ; une muraille blanchâtre se rapproche de nous, on la voit s'élever comme une falaise d'écume et s'écrouler avec fracas. C'est la barre.

Nous nous serrons instinctivement les uns contre les autres ; le chef des rameurs fait entendre un cri guttural, les nègres se penchent sur leurs avirons, nous restons un moment suspendus en l'air, aveuglés d'écume... ; puis, autour de nous, l'eau bouillonne..., le danger est passé.

A terre, nous trouvons des groupes de camarades qui surveillent avec angoisse le passage des pirogues. Nous nous jetons dans les bras les uns des autres et nous attendons l'arrivée de tous les passagers du *Pélion*.

Aucune pirogue n'a eu d'accident. Tout s'est bien passé ; heureusement, car les requins sont nombreux, paraît-il, et ils guettent les malheureux que les vagues viendraient à culbuter.

Pendant que le débarquement s'achève, on me donne des nouvelles sérieuses qui confirment les faits que je connaissais avant mon départ de France.

Les constructions de blockaus et les travaux de défense ont continué sans arrêter ; on vient de les garnir de canons. Behanzin proteste contre ces travaux ; il a envoyé une série de petits bâtons (messagers royaux).

Aussi signale-t-on des réunions de Dahoméens sur la limite du territoire de Porto-Novo. Malgré ces dispositions peu conciliantes, le roi nègre n'en a pas moins touché sa pension de 20,000 francs.

Il paraît que, pour opérer cet encaissement, il a envoyé quarante chefs à Kotonou ; la somme leur a été livrée en pièces de 5 francs. Comme ils ne savaient compter que jusqu'à cent, chaque fois qu'il y avait un rouleau de vingt pièces, ils mettaient un cauri de côté.

Lorsqu'il y eut 200 cauris, ils signèrent le reçu devant témoins en faisant une croix, et puis ils partirent pour Abomey.

Les 20,000 francs ont été prélevés sur les recettes de la colonie.

Ces 20,000 francs ne doivent pas suffire à Behanzin ; il a, je crois, un déficit dans sa cassette particulière, car, ces jours-ci, il y a eu une alerte très vive du côté du Grand-Popo.

Les populations de la rivière d'Athiemey sont en fuite et les commerçants ont expédié ici leurs femmes et leurs enfants.

On a dit que les incursions des Dahoméens avaient pour but d'enlever des noirs pour les faire servir aux sacrifices humains ;

mais ce n'est pas la seule raison de leurs agissements. Behanzin fait actuellement des razzias chez tous ses voisins pour faire face aux obligations qu'il a contractées vis-à-vis du Gouvernement du Congo belge et relatives à la livraison de soi-disant travailleurs. Fait qu'on doit faire connaître : une maison allemande, établie à Widah, sert ostensiblement aujourd'hui d'intermédiaire entre Behanzin et ledit Gouvernement. Elle a déjà acheté un millier d'esclaves pour 250,000 marcs et elle est avisée de l'arrivage prochain de fortes sommes pour continuer la traite !

Les Belges ont nié, mais des témoins sérieux ont affirmé les faits, et le seul motif de la haine de Behanzin contre nous, c'est que nous l'empêchons de continuer son petit commerce avec nos bons amis les Allemands et les Belges.

Tout son jeu consiste à nous faire bonne figure et à faire en même temps ses affaires.

Tandis qu'il opère des razzias et fait la traite des esclaves sur les territoires placés sous notre protectorat, il envoie des cadeaux aux maisons françaises établies à la côte, en signe d'amitié. Le yavogan suivi de ses cabécères vient, en effet, d'offrir des pagnes aux chefs des factoreries françaises en leur disant : « Voilà ce que le roi t'envoie en cadeaux, en te souhaitant beaucoup de commerce, et il te charge d'écrire en France pour que ta maison envoie beaucoup de marchandises. »

C'est une formule consacrée et qui se répète chaque année en pareille circonstance.

En résumé, la situation est précaire et tout cela parce qu'on n'a pas voulu agir vigoureusement dès le début.

Il y a lieu toutefois de nous tenir sur nos gardes, car voici les dernières nouvelles.

Il y a quelques jours, Behanzin avait annoncé qu'il irait piller le Grand-Popo.

Tous les indigènes de Grand-Popo, d'Abananquen et Nosarké ont pris les armes, d'où il résulte que ce sont nos protégés qui nous défendent, car nous n'avons pas une force suffisante à Grand-Popo.

Aux environs de Grand-Popo, on a établi des tranchées-abris, à l'est du village ; les indigènes montent la garde la nuit et les alertes sont fréquentes.

Les officiers ne croient pas à une attaque ; mais, néanmoins, tout le monde a l'œil au guet.

Hier même, le yavogan de Kotonou est venu demander des explications sur le fossé que l'on construisait autour de la ville. Comme le bon officier du génie qui dirigeait le travail était de fort mauvaise humeur, il a fort mal satisfait la curiosité indiscrète du représentant de Behanzin.

En surveillant le débarquement, nous avons causé du fameux warf que l'on va construire. On l'attend incessamment. On assure que le matériel est parti du Havre.

Ce sera une sorte d'appontement en fer qui aura environ 300 mètres de long : il comprendra une passerelle et un débarcadère beaucoup plus large. Les arches auront près de 8 mètres d'ouverture. Ce warf s'avancera en mer et dépassera les premiers brisants.

On en attend ici la construction avec une vive impatience : on va pouvoir enfin débarquer et faire la nique aux requins.

Nous nous rendons ensuite aux logements qui nous sont

préparés ; ce n'est ni luxueux, ni confortable, mais nous sommes presque à la guerre.

Je demande de suite une plume et de l'encre pour t'envoyer ces notes. Dans quelques heures le *Pélion* va repartir ; il me semble que je suis encore plus seul...

... Je dis donc un tendre adieu à ce vapeur qui te portera cette lettre ; il est là-bas, dans la mer bleue et bientôt il disparaîtra dans l'horizon qui s'enveloppe déjà de fines vapeurs. Je suis heureux, bien heureux, et cependant j'ai du chagrin au cœur.

Je cours porter cette lettre au bateau. Que ne peut-il emporter mes caresses pour toi, ma mère bien-aimée ?

CHAPITRE IV

Récit des événements de 1890. — Historique de l'occupation du Dahomey. — Création d'un comptoir à Kotonou. — Protectorat du royaume de Porto-Novo. — Mauvaise foi du roi Glé-Glé. — Behanzin lui succède. — Mission Bayol. — Behanzin prend des otages. — Colonne Terrillon. — Combat d'Atchoupa. — Traité du 3 octobre.

Porto-Novo, le 13 **mars** 1892.

A M. D....., SOUS-LIEUTENANT AU 67ᵉ DE LIGNE A SOISSONS

Mon cher ami,

Enfin, voilà de tes nouvelles, ce n'est pas malheureux. J'ai vraiment cru un moment que tu oubliais ton pauvre camarade perdu sur la côte des Esclaves. Mais je n'ai pas à me plaindre aujourd'hui ; j'ai eu un courrier de six lettres, sans compter les nombreux journaux. Quelle joie !

Je ne te cacherai pas que je n'ai pas commencé par la tienne, bien que j'eusse reconnu et ton écriture et le timbre de Soissons, mais j'avais une lettre de ma chère maman et tu comprendras pourquoi tu n'as pas eu la priorité. C'est si bon, vois-tu, ces lettres qui viennent de si loin pour nous dire tant de bonnes et de douces choses.

La maman, grâce à Dieu, se porte bien. — Je suis à toi et c'est avec bien du plaisir que je souhaite que, toi aussi, tu te portes à merveille dans la patrie des haricots.

Tu me demandes, mon cher ami, de te mettre au courant, en quelques mots, de tous les événements qui se sont passés au Dahomey avant la campagne de 1890 et de te donner, en outre, un aperçu de cette campagne.

Tu prétends qu'étant sur le théâtre des événements je serai plus à même de t'en narrer la succession. Ma foi, je t'avouerai que, depuis mon arrivée dans ce pays, j'ai réuni quelques documents à ce sujet. Je vais donc pouvoir satisfaire à peu près ton désir.

Mais, une fois pour toutes, je te demande d'être indulgent pour ton vieux camarade : mes lettres seront peut-être un peu décousues, mais sache bien que je t'écris comme je pense et où je pense.

Je ne veux pas remonter au déluge, mais je te dirai que, vers la fin du xviie siècle, nous avions à Widah, en communauté avec les Anglais et les Portugais, établi des comptoirs (*salams*) et commencé la construction d'un fort.

Depuis cette époque jusqu'en 1842, je ne vois rien de particulier à te signaler.

Le fort existe toujours, mais nous autorisons une maison de Marseille, Victor Régis, à l'occuper, à la seule condition qu'il serait entretenu.

Vers 1851, le roi du Dahomey, Guezo, passe une convention avec le Président de la République, dans laquelle il reconnaît protéger nos nationaux et accorder toute liberté de commerce aux Français. Cette convention est même complétée, vers la fin de la même année par la cession de la plage de Kotonou.

Le 17 février 1864, un grand incendie dévore la moitié, si

Dans la brousse.

ce n'est les trois quarts de la ville de Widah : la factorerie Régis est détruite ; mais, sous l'initiative de son propriétaire, elle est presque aussitôt reconstruite et bientôt elle redevient florissante et prospère.

L'exemple est bientôt suivi par d'autres maisons de commerce, les maisons Dartigues et Fabre, l'ancien associé et le parent de M. Régis.

Le roi du Dahomey voit ce développement d'un si bon œil que, le 19 mai 1868, il confirme, en séance solennelle, la cession faite à la France de la plage de Kotonou, en stipulant toutefois que les impôts et les droits de douane seront perçus au profit du roi.

Par suite de cette cession, nous étions limités, à l'est, par le territoire de Porto-Novo. Ce territoire n'appartenait pas au roi de Dahomey, mais il fut placé sous notre protectorat dans les circonstances suivantes :

L'Angleterre, en 1861, avait acquis l'île de Lagos ; mise en appétit par cette acquisition, elle avait désiré étendre son influence sur Souldji, roi de Porto-Novo : celui-ci fit la sourde oreille aux propositions insidieuses des Anglais, lesquels, furieux de cette résistance, envoyèrent leurs navires bombarder la ville de Porto-Novo.

Souldji, effrayé, demanda à la France de le protéger. La France accepta et les Anglais durent, avec bien des regrets, abandonner leurs prétentions sur ce royaume qui fut ainsi placé sous notre protectorat.

Dans ces conditions, le port de Kotonou devenait un point important pour nous : il était donc indispensable de consolider encore, si c'était possible, les bases du traité avec le Dahomey.

Le 18 avril 1878, grâce à l'essor donné au commerce par les négociants français, le roi Glé-Glé accorde à tous les sujets français le droit d'y commercer librement, d'y occuper et d'y posséder des propriétés, maisons, magasins pour l'exercice de leur industrie ; il leur garantit la plus entière sécurité et renonce, de plus, aux droits de douane.

Enfin, il autorise les Français à arborer leur drapeau national et il les dispense d'assister aux grandes coutumes.

Le pays concédé est le suivant : c'est une bande de terrain qui s'étend, au nord, jusqu'à 6 kilomètres du rivage ; à l'est, jusqu'aux limites du royaume de Porto-Novo, et à l'ouest jusqu'à 6 kilomètres de la factorerie Régis aîné.

Tous ces droits que la France obtenait sur la côte du Bénin furent contestés par les Anglais, d'abord, puis par les Portugais.

Les puissances européennes réussirent enfin à se mettre d'accord au sujet des délimitations de territoire ; le 1er février 1887, l'Allemagne, notre voisine à l'ouest, acceptait, comme limite du terrain soumis à notre influence, la ligne 0° 40′ 37″ longitude ouest du méridien de Paris. Le 10 août 1889, l'Angleterre acceptait, comme ligne de démarcation à l'est, la crique de la rivière de l'Adjara, rivière qui sépare le royaume de Porto-Novo de la colonie de Lagos.

Tout était donc parfaitement réglé et, en vertu de ces traités, le Gouvernement Français nomme un résident à Kotonou et y installe une garnison pour soutenir nos droits et protéger nos nationaux.

Mais le roi Glé-Glé est très versatile: il semble regretter la concession accordée par le traité de 1878 : sous l'influence des féticheurs qui dirigent sa politique, il nous fait demander, un beau jour, d'abandonner Kotonou et, ayant des démêlés avec le roi Toffa, notre protégé, il nous invite à cesser ce protectorat.

Naturellement, comme tu le penses, nous faisons la sourde oreille, lorsque, subitement, en mars 1891, Glé-Glé envahit le territoire de notre allié, le roi Toffa, incendie ses villages, s'empare des guerriers, des femmes et des enfants.

Ce pauvre roi Toffa, surpris par une agression aussi brusque, ne peut être protégé par nous : il en est réduit à abandonner ses États et à se réfugier sur le territoire anglais de Lagos, où Glé-Glé n'ose le poursuivre.

Une pareille conduite méritait un châtiment. Le Gouvernement envoie aussitôt une compagnie de débarquement, appuyée par le *Sané*, pour rétablir l'ordre à Porto-Novo.

Mais cette mesure répressive est insuffisante, tout le pays dahoméen est soulevé, et Glé-Glé prend ouvertement l'offensive.

Les nationaux, les missionnaires et les religieux de Widah sont forcés de se réfugier chez le résident de France, à Agoué.

Le Gouvernement Français voulut temporiser. Au lieu de châtier le monarque nègre, on fit auprès de lui une démarche pacifique. M. Bayol, lieutenant-gouverneur de la côte du Bénin, entra dans de longs pourparlers avec le roi Glé-Glé ; n'en pouvant rien tirer, il se décida, afin de hâter la solution du conflit, à se rendre auprès du roi, à Abomey.

Il se mit en route le 16 novembre 1889.

Le roi reçut l'envoyé de France avec hauteur et ne lui donna aucune réponse catégorique ; au contraire, il lui infligea le spectacle hideux des massacres humains et, dans la crainte d'être retenu prisonnier lui-même et massacré à son tour, M. Bayol reprit, ainsi que ceux qui l'accompagnaient, la route de Porto-Novo, sans avoir pu obtenir la moindre concession.

Le roi Glé-Glé mourut sur ces entrefaites, et Behanzin, son fils, fut acclamé roi.

Ce changement n'amena pas une amélioration dans nos relations, tout au contraire.

Le roi réunit de nombreux contingents, et, si nous ne voulions pas être jetés à la mer, il était temps d'agir.

On songea alors en France à organiser une expédition et à lui infliger une répression immédiate ; mais, comme, d'autre part, l'opinion publique était à ce moment-là peu favorable aux expéditions coloniales, on pensa pouvoir assurer la protection des nationaux européens avec des troupes tirées des garnisons du Sénégal.

Le roi Toffa assurait le concours de cinq cents guerriers ; avec quelques compagnies de tirailleurs sénégalais, quelques pièces de canon et le concours de quelques canonnières, on estima que le corps expéditionnaire devait se trouver en mesure de répondre au but que l'on se proposait, c'est-à-dire protéger nos intérêts sur la côte et faire respecter le traité de 1878.

Le 7 février, la colonne s'embarquait à Dakar sur l'*Ariège* et, le 10, elle débarquait à Kotonou. Elle était sous le commandement du commandant Terrillon.

Cet officier supérieur dut se borner à exécuter les ordres du gouverneur, c'est-à-dire prendre les mesures nécessaires pour faire respecter nos possessions.

On se borna donc à occuper Kotonou, Porto-Novo, Agoué

et Grand-Popo, car les Dahoméens se rapprochaient toujours et menaçaient ces différents points.

Sur ces entrefaites, on apprit que plusieurs missionnaires, dont le P. Dorgère, et d'autres Français, installés dans la factorerie Fabre, à Widah, venaient d'être enlevés par l'ennemi et emmenés à Abomey.

Il était malheureusement impossible de venir à leur secours ; la colonne était trop faible pour tenter une opération quelconque sur Widah. On dut abandonner ces malheureux à leur triste sort ; seulement on prit des otages à Kotonou pour garantir leurs existences.

Puis on demanda des renforts : il importait, en effet, non seulement d'occuper et de défendre les points cités plus haut, mais il fallait organiser des colonnes mobiles pour assurer les communications entre les divers postes ; il fallait, en outre, faire une démonstration sur Widah.

En attendant les renforts, on se fortifia : le croiseur *Sané* et la canonnière *Emeraude* bombardèrent un rassemblement de troupes dahoméennes au nord de Kotonou.

Ce rassemblement laissait prévoir une attaque prochaine : elle se produisit le 4 mars et, bien que conduite avec vigueur par les chefs ennemis, nos troupes soutinrent vaillamment les efforts des Dahoméens qui venaient se faire tuer jusque sur les parapets du fort.

Enfin, vers dix heures du soir, l'ennemi se retirait dans les marais de Lama, abandonnant plus de quatre cents cadavres : il laissait toutefois une avant-ligne à Godomey, où il se fortifiait.

Cette avant-ligne nous gênait beaucoup : elle menaçait notre flanc, si nous avions tenté une marche sur Widah. Le commandant Terrillon lança une reconnaissance sur ce point, opération dans laquelle nous eûmes 3 tués et 11 blessés.

On tenta également une diversion au nord de Porto-Novo, vers le pays Dekamé; c'était utile afin de détourner l'attention des Dahoméens.

La colonne remonta le cours de l'Ouémé, sous la protection de la canonnière *Emeraude;* jusqu'au 28 mars, on livra une série de combats près des villages de Kesounou, Dogla et Danou. Ces combats sont meurtriers pour l'armée royale qui s'enfuit en débandade; la foi dans leurs féticheurs semble ébranlée. Elle a, de plus, besoin de se ravitailler en munitions : mais nous déjouons ses intentions en décrétant le blocus de la côte que l'amiral de Cuverville est chargé d'assurer avec ses navires de guerre.

Cette mesure semble contrarier beaucoup Behanzin ; il attendait probablement un chargement d'armes et de munitions que les maisons de commerce allemandes ne vont pas pouvoir lui débarquer.

Voyant qu'il ne lui vient rien, il se décide à tenter un dernier effort ; il quitte Allada à la tête de toutes ses troupes et se met en mesure de venir nous reprendre Porto-Novo.

La situation devient grave : l'ennemi est à quelques kilomètres de la ville.

Le lieutenant-colonel Terrillon (il venait à peine d'être promu), malgré son état de santé, malgré la réduction de ses effectifs, quitte Kotonou à la hâte et se décide à marcher au-devant de l'armée dahoméenne, au lieu de l'attendre sous les murs de la ville.

Le combat d'Atchoupa fut un des plus glorieux de cette campagne.

Voici, du reste, pour t'en donner une idée, l'ordre du jour que le colonel Terrillon adressa aux troupes qui avaient pris part à ce combat.

« Officiers, sous-officiers et soldats,

« Hier, vous avez lutté pendant deux heures et demie, avec une bravoure admirable, contre les meilleures troupes du roi de Dahomey, au nombre de 4,000 guerriers et 2,000 amazones.

« Vous vous êtes battus un contre vingt, et, confiants dans l'expérience de vos chefs qui vous ont, depuis deux mois, conduits huit fois à l'ennemi, vous avez opposé à ces attaques furieuses une barrière insurmontable.

« Honneur à vous, tirailleurs, artilleurs, disciplinaires ! Ce sera pour moi un précieux souvenir d'avoir été appelé à vous commander.

« La 10ᵉ compagnie de tirailleurs, électrisée par ses deux braves officiers, le capitaine Arnoux et le lieutenant Szymanski, a fait des prodiges de valeur pendant la retraite et je suis sûr d'être l'interprète de tous en la citant tout particulièrement à l'ordre de la colonne. »

Porto-Novo, le 21 avril 1890.

Le lieutenant-colonel commandant des troupes,

TERRILLON,

Guerriers Dahoméens.

Les pertes de l'ennemi étaient sérieuses : environ 1,500 Dahoméens furent mis hors de combat.

Nous avions de notre côté 57 blessés.

A la suite de ce combat, Behanzin se retira avec son armée ;
il accusa ses féticheurs, ses féticheurs commencèrent à se
fâcher.

La discorde était dans le camp ennemi ; on l'augmenta en
menaçant de bombarder Widah. Ce fut le coup de grâce :
Behanzin demanda à traiter.

Il commença par rendre les otages qu'il maintenait depuis le
commencement de la campagne dans la plus odieuse captivité.

Et puis les négociations reprirent : comme toujours il voulut
les faire traîner en longueur ; on reprit le moyen qui avait si
bien réussi. Les navires de guerre vinrent s'embosser devant
Widah et on donna vingt-quatre heures au roi pour se décider.

Bref, le 3 octobre, un traité est passé, aux termes duquel
Behanzin reconnaît notre protectorat sur le royaume de Porto-
Novo et l'occupation de Kotonou.

Il demande, en outre, à titre de compensation de cette occupation, une rente anuelle de 20,000 francs.

Comme tu vois, mon cher ami, nous perdions les avantages
du traité de 1878, puisqu'à cette date nous avions Kotonou en
toute propriété, et qu'aujourd'hui il nous faut payer 20,000 francs
de rentes à ce roi nègre pour en avoir la jouissance.

Si encore il veut bien consentir à exécuter scrupuleusement
les termes de ce traité, il faudra nous montrer satisfaits, mais,
jusqu'à présent, rien ne prouve qu'il soit revenu à des sentiments meilleurs.

Il ne désarme pas, il continue ses razzias d'esclaves, ses

sacrifices humains, et, grâce à la vente de ses captifs, grâce à la rente que nous lui faisons, il continue ses achats d'armes à tir rapide pour recommencer la guerre à la première occasion.

Voilà, mon cher ami, en quelques pages, l'historique des événements que tu m'as demandé ; quand je rentrerai en France, je te communiquerai mon journal de campagne, si comme nous l'espérons ici, nous allons entreprendre une colonne sérieuse pour aller l'attaquer dans son repaire.

Sur ce, je te quitte. C'est aujourd'hui dimanche. Je suis invité à dîner chez mon commandant. Je vais faire un bout de toilette afin d'être un peu plus présentable.

A bientôt !

CHAPITRE V

Porto-Novo, le 20 mars 1892.

A mon cher ami, Jules D., avocat a la Cour d'appel
de Paris

Tu me demandes, mon cher ami, mon avis sur la question de
l'esclavage.

C'est très délicat de te répondre. Et pourquoi? me diras-tu?

C'est cependant bien simple. Tu es dans ta bonne ville de
Paris et l'idée que des nègres pourraient cultiver ta ferme
de la Carrière répugne immédiatement à tes préjugés d'homme
libre.

Eh bien! mon bon ami, dès que l'on se trouve par 7° de
latitude et que l'on a voyagé quelque peu dans ce pays, on ne
voit plus du tout la question « esclavage » sous le même jour.

Supposons, pour une minute seulement, que, dans une dizaine
d'années, le Dahomey soit aussi tranquille que les plaines du
Sahel, et que, poussé par le vif désir d'augmenter tes revenus,
tu viennes coloniser au Dahomey et y faire l'acquisition de ces
nombreux terrains de production d'une richesse incomparable.

Tu ne pourras pas cultiver toi-même et défricher avec tes seuls bras les nombreux hectares que tu auras achetés.

Tu chercheras des ouvriers. Tu feras donc connaître, à son de tam-tam ou par tout autre moyen de publicité que tu jugeras préférable, que les ouvriers nègres qui veulent travailler la terre trouveront à ta ferme un bon maître et une bonne paye.

Eh bien! mon pauvre ami, quelles que puissent être les offres que tu leur fasses, **tu** pourras attendre longtemps, sous le palmier, les bras que tu souhaiteras. Il ne s'en présentera pas.

Peut-être un ou deux, attirés par la promesse du tafia, consentiront-ils à travailler une journée, mais jamais deux. Ta ferme restera donc inculte, et tu pourras mettre la clé sous la porte.

Dans ces conditions, quel est le moyen qu'ont dû employer ici les propriétaires du sol? Il est très simple : ils se sont armés en guerre, sont partis pour le pays voisin, en ont attaqué les villages et ont ramené les ouvriers qui leur manquaient.

Maintenant, laisse-moi ajouter qu'ils ne sont pas aussi barbares qu'ils le paraissent. De tout temps on a agi ainsi, et, si tu consultais tous les officiers qui ont voyagé dans le Soudan, tous les explorateurs qui ont parcouru l'Afrique, tous seront unanimes pour te dire que les esclaves sont heureux dans leur malheureux sort.

Et je vais te le prouver, qu'ils doivent être heureux.

Nos paysans normands, tu le sais, portent beaucoup d'intérêt à la santé de leur vache ou de leurs bêtes de somme. Cette santé est, pour eux, des plus précieuses, souvent plus précieuse que celle de leur femme. Pourquoi? Parce qu'elle est la source de leurs bénéfices et que, si leur bête de somme était malade et ne pouvait plus travailler, la misère viendrait vite au logis.

Eh bien ! la comparaison, tout irrévérencieuse qu'elle peut te paraître, est absolument exacte.

Le nègre soigne ses esclaves avec le même intérêt, très souvent il leur donne une case, voire même un terrain ; il les protège, les nourrit.

— Mais il n'est pas libre, ton esclave…, me diras-tu.

— Ah ! ça, c'est vrai, il n'est pas libre, il n'est pas électeur ni conseiller municipal…; mais je crois que, si on leur expliquait les bienfaits de notre civilisation, ce ne serait pas leur carte d'électeur qui leur donnerait de quoi vivre.

L'expérience que nous avons tentée en Algérie ne nous réussit qu'à moitié et elle a abouti quelquefois à des famines et à la misère.

La colonisation ne pourra donc être un bienfait dans ces pays-ci que lorsqu'on aura créé des besoins aux nègres ; jusqu'à présent, ces besoins sont assez vagues et se bornent à souhaiter quelques rations de tafia et quelques oripeaux, cotonnades ou autres objets de peu d'importance.

Un jour ou l'autre, ces besoins peuvent devenir plus sérieux et, dans ces conditions, ne pouvant se les procurer autrement que par le travail, accepteront-ils de défricher tes terres.

Maintenant, il y a encore un côté qu'il faut envisager : lorsque les nègres connaîtront et apprécieront à leur juste valeur les bienfaits de la civilisation et les avantages de leur situation d'homme libre, il restera encore à affranchir… leurs femmes.

Ça, ce sera encore plus difficile.

La femme, dans ces pays-ci, est esclave dans toute l'acception du mot, et elle le sera encore longtemps. Le nègre l'achète comme bête de somme ; il te recevrait très mal si tu venais lui proposer de la considérer et de la traiter autrement.

Qu'elle soit la femme d'un « captif » ou la femme d'un « roi », sa situation est identique. Elle cultive la terre, va chercher l'eau, construit la case et élève ses enfants.

Elle a le sentiment maternel ; c'est le seul qui vibre en elle. — L'amour de son mari ? — comment pourrait-elle en concevoir pour un être qui l'a achetée en la marchandant ; — l'amour de son père ou de sa mère, il n'existe pas davantage, ceux-ci l'ayant vendue dès qu'elle a été en âge de leur rapporter un bénéfice.

Elle est donc dans une situation d'infériorité, et cette situation durera longtemps encore.

Mais je reviens à l'esclavage domestique ; c'est une question des plus sérieuses, tout à fait à l'ordre du jour, et dont je puis te parler en toute connaissance de cause.

Lorsqu'un chef a razzié un village et qu'il cherche des esclaves, non pour les vendre, mais pour se procurer des travailleurs, voici comme il procède : il fait trancher la tête à tous les adultes hommes.

L'adulte homme, en effet, fera tout pour se sauver, et, généralement, il réussira ; mais, en revanche, le vainqueur gardera la femme et les enfants.

La femme, il l'échangera contre un cheval, un animal domestique, une arme, une pièce d'étoffe. Si, au contraire, il tient à garder la femme ou les enfants à son service, à partir de ce moment le sort de l'esclave est complètement changé.

L'esclave n'est plus un esclave, c'est un domestique à vie ; il n'est pas payé, c'est vrai, mais il est bien traité, bien nourri ;

il travaille dans la maison du maître, mais il travaille autant que le maître, il a la même nourriture et partage son toit; il fume quelquefois la même pipe.

Il se marie dans la maison, élève ses enfants qui sont esclaves comme lui, c'est vrai, mais avec cette différence que l'enfant, né dans la maison, est un « captif de case » et qu'il ne peut plus être vendu.

Le « captif de case » jouit d'une grande liberté, c'est presque l'enfant de la maison ; il peut travailler pour lui, posséder à son tour, avoir des troupeaux. Il peut même devenir plus riche que son maître.

Le commandant *Quiquandon*, qui a été longtemps en mission dans le Soudan, me citait, pendant la traversée, un vieillard du village du Soudan, qui, bien que pauvre et misérable lui-même, possède des esclaves très riches, et — fait des plus curieux — cet homme libre est à l'abri de la misère grâce à ses propres esclaves, et il ne viendrait jamais à la pensée de ceux-ci de s'affranchir de leur joug ou de renier leur origine.

L'esclave, ou plutôt le « captif » appartient si bien à son maître que si, un jour ou l'autre, le village vient à être attaqué, il n'est pas rare que l'esclave emmené dans une razzia cherche à s'échapper pour venir se replacer sous la domination de son ancien maître.

L'esclavage, me disait le commandant — et il a dans toutes ces questions une compétence remarquable — peut se diviser en quatre phases :

1° La prise du village avec le massacre qui suit : les familles séparées, vendues ;

2° Le passage entre les mains du marchand d'esclaves brutal :

phase pénible, mauvais traitements, longues routes, exposition dans les marchés, etc... ;

3° Le passage aux mains d'un maître — domesticité à vie ; — parfois, pour la femme, mariage avec le maître — auquel cas elle devient libre dès qu'un enfant est né ;

4° Le mariage dans la maison du maître avec un autre captif et, dès la naissance d'un enfant, la « captivité de case » assurant une véritable liberté et presque le bien-être.

La question de l'esclavage est donc délicate et, en cherchant à briser une loi sociale aussi solidement établie, on risque de se heurter à des préjugés de castes, à un état de chose qui peut amener contre nous une révolution du pays nègre tout entier, révolution dans laquelle on verrait se produire le fait anormal d'un opprimé se liguant avec son oppresseur pour repousser celui qui veut l'affranchir de son esclavage.

Les indigènes nous combattraient pour défendre leur fortune menacée, et les esclaves nous combattraient pour rester esclaves.

Il ne faut donc pas chercher à lutter de la sorte. Nous devons nous borner à faire la guerre aux monarques indigènes qui, comme Behanzin, font le commerce de bétail humain, ou bien encore se livrent à de féroces coutumes sanguinaires.

Là seulement doivent, à mon sens, se borner les expéditions européennes ; c'est un but louable, généreux, essentiellement humain.

La civilisation, le commerce sauront faire ce qui reste encore à faire.

Enfin, pour finir ma lettre, tu m'excuseras, n'est-ce pas, mais je te citerai la pensée de Michelet :

« La liberté serait un mot, si l'on gardait des mœurs d'esclaves. »

Tu vois donc, mon cher ami, qu'il ne suffit pas de rendre libres tous les esclaves, il faut surtout les civiliser et modifier leurs mœurs.

Nos missionnaires ont été déjà, dans ce sens, de vaillants pionniers de civilisation et, quand ils combattent, comme ils le font, pour l'influence française, ils ont droit à toute notre admiration.

Je ne veux pas me lancer dans de grandes théories sur ce sujet, tu ne manquerais pas de me trouver lamentable et ennuyeux.

Pardonne-moi et excuse-moi.

CHAPITRE VI

Le colonel Dodds est désigné comme commandant de la colonne expéditionnaire. — Ses antécédents militaires. — Nouveaux symptômes d'agitation. — Préparatifs d'organisation défensive à Porto-Novo et à Kotonou. — Projet de campagne.

Kotonou, le 4 mai 1892.

A Mme Morienval a Buzancy (*Ardennes*)

Ma mère bien-aimée,

Je m'empresse de te rassurer sur mon sort. Je ne suis pas malheureux le moins du monde, je te l'affirme. La seule idée qui pourrait m'attrister, c'est de savoir que tu t'inquiètes à mon sujet.

J'ai ici de bons et charmants camarades ; nous vivons très unis et notre plus grand bonheur est de causer de nos chers souvenirs de France et de tous les liens qui nous y rattachent.

Une grosse nouvelle vient de nous arriver par le câble et fait le sujet de toutes nos conversations.

Le colonel Dodds, du 4e, vient d'être nommé commandant de la colonne expéditionnaire.

C'est une véritable joie pour tout le monde ici.

Le colonel est connu par tous ceux qui ont fait les campagnes du Sénégal et du Tonkin.

C'est un homme remarquable, vaillant entre tous, qui a de sérieuses qualités militaires et qui, même dans le service, où il a la parole un peu rude, sait toujours concilier la sympathie.

Le mot sympathie n'est pas un mot banal quand on parle de lui; on sent qu'il a inspiré à tous ceux qui ont servi sous ses ordres des sentiments de réelle affection et de profond dévouement.

Pendant que je te parle du colonel Dodds, on me remet le texte des discours d'adieu qu'on a prononcés lors de son dernier départ du Sénégal. Ce ne sont pas des phrases banales d'adieu, je ne résiste pas au désir de te les transcrire.

M. le lieutenant-colonel Lefèvre a pris le premier la parole :

« Mon colonel,

« S'il est une circonstance dans laquelle il me soit arrivé de regretter de ne pas être un Mirabeau, ni même une étoile de bien moindre grandeur, c'est assurément celle-ci.

« Aussi laisserai-je à une voix beaucoup plus éloquente et bien autrement autorisée que la mienne, celle de M. le gouverneur, le plaisir de rendre ici un public hommage à vos éminents services dans la colonie.

« Je me bornerai donc à vous dire, au nom de toutes les troupes du Sénégal, combien poignante est notre émotion, combien profonds sont nos regrets d'être à la veille de perdre un chef tel que vous.

« C'est qu'en effet, pendant les trois années que vous aurez si

Le Général Dodds.

brillamment exercé au Sénégal les hautes fonctions de commandant supérieur des troupes, votre bienveillance n'aura jamais
cessé d'être acquise à tous ; votre sollicitude pour tous vos
subordonnés, pour leur bien-être, pour leurs intérêts ne sera
pas, pendant cette longue période, un seul instant démentie.

« En disant que c'est là le plus précieux, le plus cher souvenir que vous emporterez et que nous conserverons de votre
commandement, je ne doute pas d'être le fidèle interprète de
votre pensée comme de la nôtre. Mais je suis aussi convaincu
d'être également l'interprète des sentiments de tous les absents
aussi bien que des présents, en ajoutant que votre départ est
pour nous un véritable deuil, et qu'à ce deuil il n'existe, il ne
peut exister qu'une consolation : l'espoir de nous retrouver un
jour sous vos ordres. »

Cette réunion avait lieu en présence de tous les officiers de
la garnison de Saint-Louis.

Tous ont été profondément émus du départ du colonel et il
a remercié, en disant que lui aussi faisait des vœux pour avoir
encore l'honneur de commander à des troupes pareilles.

Et, pour prouver que les pouvoirs civils et militaires peuvent
quelquefois marcher d'accord, le gouverneur, prenant la parole
à son tour, s'est adressé au vaillant colonel.

« Mon cher colonel,

« Quand, il y a treize mois, vous êtes venu à ma rencontre
à la gare de Sor, nous n'étions pas des inconnus l'un à l'autre.
Deux ans auparavant, dans cette jolie habitation du Mourillon

où vous allez retrouver Mme Dodds, vous portiez un toast à ma future nomination de gouverneur du Sénégal, où, me disiez-vous, nous devions nous retrouver ; votre souhait s'est accompli ; mais, en me nommant ici, le Gouvernement me chargeait d'une bien lourde tâche, dans l'accomplissement de laquelle votre concours ne m'a pas manqué un instant. En colonne comme au Conseil privé, vous avez été pour moi le plus précieux, le plus dévoué des collaborateurs. En ce qui concerne notamment la pacification et la réorganisation du Fouta, qui sera regardée, je crois, comme l'œuvre capitale de cette année 1891, c'est à vous entièrement que nous devons le succès.

« C'est grâce à votre profonde expérience des hommes et des choses de ce pays qui est le vôtre, que la colonie du Sénégal et les pays protégés qui en dépendent jouissent en ce moment d'une paix profonde comme ils n'en avaient pas connu de mémoire d'homme. Enfin l'étroite union qui n'a cessé de régner entre nous aura démontré, ce qui n'était peut-être pas inutile, que pouvoir militaire et pouvoir civil n'ont aucune peine à marcher d'accord quand ils ont tous deux pour but unique le maintien et le développement de l'influence et de l'autorité de la France dans un pays si souvent arrosé du sang de ses enfants.

« Je suis tout particulièrement heureux, mon cher colonel, de me trouver aujourd'hui en face de vous dans cette réunion d'officiers des troupes de la marine, de cette infanterie de marine surtout, où j'ai commencé ma carrière et qui est une école de bonne camaraderie et de fraternité. J'en sais quelque chose, moi qui, venu ici pour la première fois avec un grade bien modeste et porté ensuite au premier poste par les hasards de la destinée, n'ai jamais rencontré que des collaborateurs dévoués, aussi bien parmi mes anciens camarades que parmi ceux qui avaient été alors ou auraient pu être mes chefs.

« Nous ne vous disons pas adieu, colonel, mais au revoir. Vous reviendrez ici, dans votre pays natal, avec les deux étoiles auxquelles vous donnent droit vos éclatants services. Pour moi, je souhaite ardemment que ce soit le plus tôt possible.

« A votre santé, mon cher colonel, à votre heureux voyage, à tous vos vaillants collaborateurs ! »

Voilà donc, ma chère mère, le chef que nous allons avoir ; j'ai tenu à te le dépeindre, afin que tu partages notre enthousiasme et que tu aies confiance, comme nous, lorsque nous avons acclamé sa désignation.

Nous allons donc enfin sortir de cette inaction qui nous énerve et qui nous tue.

Ici, depuis quelque temps les affaires se gâtent.

Voici les nouvelles par ordre de date, telles que je les ai transcrites sur mon journal de campagne. Tu y verras que l'armée dahoméenne n'est pas un mythe et que Behanzin ne perd pas l'espoir de nous rejeter un jour ou l'autre à la mer pour pouvoir continuer, tout à son aise, son petit commerce.

Dans la nuit du 3 au 4 avril, l'ennemi a brûlé Kétomé et plusieurs localités environnantes. 6,000 hommes bien armés sont actuellement campés à quatre lieues au nord de Porto-Novo. Ils paraissent attendre de nouveaux renforts pour attaquer la ville. Le lieutenant-gouverneur Ballot a reçu une nouvelle lettre insolente du roi Behanzin, dont voici le résumé :

« Je ne suis jamais allé en France faire la guerre, et je vois avec peine que la France m'empêche de la faire contre un pays africain ; cela ne la regarde pas. Si vous n'êtes pas content, vous pouvez faire ce que vous voudrez ; moi, je suis prêt. »

15 *avril*. — Une partie de l'armée dahoméenne a repassé l'Ouémé se dirigeant sur Allada.

Les Dahoméens emmènent avec eux un nombre considérable de captifs et de troupeaux.

L'autre partie de leurs troupes restant sur la rive gauche s'est retirée subitement dans la soirée du 4 dans la direction du nord en suivant l'Ouémé.

D'autre part, les renseignements particuliers datés de Grand-Popo, 10 mars, annoncent que les affaires sont presque nulles dans cette région. Plusieurs des villages de la rive gauche ont été détruits par les Dahoméens ; les autres sont déserts.

— Un croiseur — le *Sané* — a été détaché de la division navale de l'Atlantique sud avec mission de renforcer, d'urgence, à Kotonou le *Brandon* et le *Héron*. Il coopérera à l'action de ces deux navires contre le Dahomey, en attendant les autres mesures que le Gouvernement sera amené à prendre lorsqu'il aura reçu de plus amples informations sur la situation.

Il est probable que l'on va occuper Widah.

1er *mai*. — Les troupes dahoméennes se rapprochent de plus en plus. Le gouverneur est en ce moment à Porto-Novo. — On dit qu'en présence de l'attitude résolument agressive de Behanzin il a fait demander des renforts au Parlement afin d'entreprendre une nouvelle campagne.

On prépare, du reste, des baraquements qui indiquent, de

Types des troupes indigènes au Dahomey.

notre part, une reprise d'hostilité assez proche. On parle également d'envoi de troupes d'Afrique et de canonnières qui viendraient renforcer le *Sané* et le *Talisman*.

Nos postes du Bénin ont été mis en état de défense aussi complètement que possible par les soins de la direction d'artillerie.

A Porto-Novo, le plateau sur lequel sont bâtis les factoreries Régis et le poste des officiers est défendu par un premier ouvrage en terre dit *fort des Amazones*, qui balaye la plaine dans la direction de Vacon. La résidence, la mission et le camp des Haoussas sont protégés par le *fort Oudard*, sis au bout de l'avenue Gabrielle, au nord de Porto-Novo. La route d'Anjarra et la basse ville sont couvertes par le *fort Mousset*. Le palais de Toffa et le chemin de Ropo sont garantis par le *fort Toffa*. Tous ces travaux de fortification passagère ont été construits et entretenus par le service de l'artillerie. Les chaloupes armées en guerre protègent la lagune.

Autour d'un périmètre de 3 kilomètres environ, on a coupé tous les arbres et lianes; ce débroussaillement donne aux huit canons de 4 de montagne et aux six pièces de 80 un champ de tir suffisant pour résister à toute surprise.

A Kotonou, une ligne de palanques et un fossé vont de la mer au lac Denham; tous les bois ont été rasés. Au Télégraphe, deux canons-revolvers; sur la bissectrice du triangle isocèle formé par la lagune, la mer et la ligne de palanques, on a construit un cavalier en maçonnerie, sur lequel on a placé deux canons de 80. Enfin, au nord-ouest du village indigène, le *fort Compérat*, blockhaus sérieux en maçonnerie, armé de quatre canons de 4 de montagne, permet à 100 tirailleurs de résister à l'attaque de toute l'armée dahoméenne. La route de Kotonou à Godomey est déblayée.

En arrière de la ligne de palanques, un réseau de fil de fer, un enchevêtrement d'abatis, des fougasses complètent le système de défense.

Porto-Novo est relié à Kotonou par le télégraphe aérien.

Enfin la canonnière l'*Emeraude,* mouillée à l'entrée du chenal qui conduit au lac Denham, protège Kotonou vers les marécages de l'ouest.

Dans ces conditions la sécurité est assurée et avec les renforts annoncés et surtout la présence du colonel Dodds, le bon Behanzin n'a qu'à bien se tenir.

On parle aujourd'hui d'une lettre que ce nègre aurait écrite au roi de Portugal, lui demandant son appui ; le pauvre homme oublie que les Portugais ont bien autre chose à faire que de venir lui faciliter le moyen d'augmenter ses revenus : ils ont à s'occuper de leurs embarras d'argent, ce qui les intéresse bien davantage.

La nomination du colonel Dodds n'est pas plutôt annoncée que les gens *bien informés* (?) font déjà connaître ses intentions.

Voici ce que l'on affirme :

Le colonel *Dodds* se rend d'abord au Sénégal, où il fera vraisemblablement un certain séjour. Il compte, en effet, organiser son corps expéditionnaire et prendre des mesures à l'effet de constituer son centre d'approvisionnement et, en quelque sorte, sa base d'opérations.

L'honorable colonel est muni de pleins pouvoirs. Mais le Ministre de la marine lui a indiqué, assure-t-on, comme objectif à atteindre, la destruction d'Abomey, et ne l'a pas laissé libre de choisir son heure et ses moyens d'action.

Le colonel compte demander au Sénégal un nombre suffisant de spahis sénégalais ; il est certain que la cavalerie produira un grand effet sur les Dahoméens. Il a l'intention, d'autre part, d'enrôler d'anciens tirailleurs sénégalais déjà entraînés et bien acclimatés ; de la sorte, les renforts qui partiraient de France, en juillet, serviraient à remplacer seulement les vides au Sénégal et ne feraient pas la campagne, que le colonel *Dodds* voudrait entreprendre avec les seuls indigènes encadrés par des Européens.

Dès son arrivée au Sénégal, le colonel s'occupera du recrutement et de l'armement des troupes indigènes.

Il aura pour cela tout le temps nécessaire, puisque, de part et d'autre, on ne pourra rien faire avant septembre et que les troupes des deux camps n'auront qu'à se maintenir dans leurs positions.

Les canonnières, placées sous les ordres du colonel *Dodds*, joueront dans l'expédition un rôle très important en se portant en avant pour fouiller le terrain avec leurs obus à mitraille, qui feront sortir les ennemis de la brousse.

En cas de retraite, elles protègeront nos troupes sans danger pour leur équipage, protégé par des réduits cuirassés.

On a, paraît-il, demandé en France des enrôlements volontaires. C'est un très bon système, qui aura pour résultat de n'amener ici que des gens de bonne volonté et heureux de faire campagne.

Malheureusement, la bonne volonté ne suffit pas et, en présence de ce climat aussi humide, aussi malsain, il faut que les hommes soient un peu acclimatés par un séjour soit en Algérie, soit dans d'autres colonies.

La légion étrangère sera d'un très bon emploi ici : ce sont des gens robustes, vigoureux, dont on pourra tirer le meilleur parti. Au Mexique, au Tonkin, ils ont été placés dans les plus mauvais postes et ils ont toujours soutenu vaillamment l'honneur du drapeau.

CHAPITRE VII

Journal de campagne. — Ouverture des hostilités. — Combat de Zobbo. — Expédition sur l'Ouémé. — Organisation de la base d'opérations. — Mise en état de défense à Porto-Novo, à Kotonou. — Le roi Toffa. — Organisation du service de l'arrière. — Description du camp. — Composition et effectif de la colonne. — Bombardement de Takou.

16 *août* 1892. — Voici l'ordre du jour que l'on vient de lire aux troupes ce matin :

« Le roi de Dahomey, par son langage, son attitude et ses actes hostiles, a lassé la patience du Gouvernement français.

« Sur son refus de remettre en liberté les habitants du village de Gomé capturés par ses guerriers, le 30 juin dernier, une première leçon vient de lui être donnée.

« Le 9 août, à six heures du matin, la place de Kotonou, les avisos *Héron* et *Ardent*, les canonnières *Opale*, *Topaze* et *Emeraude* ont ouvert le feu simultanément sur les villages de Kotonou indigène et Zobbo ; les villages de Godomey et d'A-bomey-Calavi ont ensuite été successivement bombardés.

« En même temps, le *Talisman* couvrait de ses projectiles la ville de Widah.

« A sept heures du matin, un détachement, placé sous les ordres du commandant Stefani et composé d'un peloton de la 1ʳᵉ compagnie de tirailleurs sénégalais, de la 9ᵉ compagnie de tirailleurs sénégalais et de la 1ʳᵉ compagnie de tirailleurs haoussas, partait de Kotonou et se portait dans la direction de Zobbo.

« A 3 kilomètres au sud-est de ce dernier village, nos troupes ont rencontré l'ennemi, qu'elles ont chassé de ses positions après un engagement très vigoureux.

« Les Dahoméens ont tenté de nombreuses contre-attaques, que nos soldats ont repoussées vigoureusement en infligeant à l'ennemi des pertes très sérieuses. Notre détachement a eu deux tués : le sergent européen Gorius, du peloton de la 1re compagnie de tirailleurs sénégalais, le sergent Fili-Aure, de la 1re compagnie de tirailleurs haoussas, et 13 blessés, dont 7 tirailleurs et 6 porteurs.

« Le colonel adresse ses félicitations à tout le détachement pour sa belle conduite et pour la vigueur dont il a fait preuve dans cette circonstance ; il félicite également le commandant des navires réunis dans le golfe du Bénin, ainsi que les commandants des canonnières de la flottille, pour les bonnes dispositions qu'ils ont prises et qui ont puissamment contribué au succès des opérations de la journée du 9 août. »

Au quartier général de Porto-Novo, le 16 août 1892.

Le colonel commandant supérieur
des établissements français du Bénin,

DODDS.

On voit que l'on va enfin se décider à une action vigoureuse. C'est certainement la meilleure manière d'avoir raison de Behanzin.

Combat de Zobbo.

L'ordre du jour du colonel n'indique pas les événements qui ont précédé le combat de Godomey-Zobbo.

Vers la fin de juin, les communications entre Kotonou et Porto-Novo étaient devenues dangereuses : les indigènes avaient même fait contre cette dernière ville une démonstration hostile.

Le colonel envoya le commandant Riou, commandant du bataillon de tirailleurs haoussas, un officier très distingué, ayant été très remarqué dans les diverses expéditions du Haut-Niger, prendre le commandement de la place de Porto-Novo.

De plus, une pirogue armée en guerre, surveillait et protégeait le canal de Kotonou.

Le 2 juillet, il y eut une nouvelle alerte ; 500 guerriers avaient pillé le village de Gomé, situé à 8 kilomètres de Porto-Novo et emmené 15 prisonniers indigènes.

Le colonel Dodds n'a pas voulu laisser un jour de répit aux agresseurs ; malgré les dangers que pouvaient présenter les eaux, fort basses à cette époque, il a donné l'ordre à l'*Emeraude* et à la *Topaze* de remonter l'Ouémé et de bombarder les villages de Doyela, de Zougué et de Metro.

Les deux canonnières étaient accompagnées de pirogues transportant une centaine de tirailleurs sénégalais et haoussas. Protégés par le tir des canons-revolvers qui couvraient de mitraille les villages, les tirailleurs ont mis en fuite les guerriers dahoméens.

Cette petite expédition a eu un grand retentissement et a donné une bonne opinion du colonel ; on voit que le châtiment ne se fait pas attendre avec lui et on sent que quelque chose de nouveau se prépare.

Avec les faibles effectifs dont nous disposions il y un mois on ne pouvait songer à se lancer dans une expédition sérieuse. Tout au plus pouvait-on — c'était la première opinion — compléter l'armement de nos établissements de la côte et tenir la garnison renforcée sur la plus stricte défensive.

Tout le pays situé au nord de Porto-Novo est en état de guerre; la base d'opération est organisée très sérieusement.

La ville de Porto-Novo est un des points d'appui de cette base. Il ne faudrait cependant pas se figurer que c'est une ville avec des rues bien alignées, des places régulières, des avenues bien plantées.

Ce qui manque surtout dans Porto-Novo, ce sont des vespasiennes, aussi ne faut-il pas s'étonner de l'odeur suffocante qui règne quand le vent souffle du sud et ramène dans le camp les émanations de la ville nègre.

La partie de la ville où se trouvent les établissements européens est, sous ce rapport, beaucoup mieux entretenue ; mais l'apathie des nègres est telle que les règlements de la police sont lettre morte pour les indigènes et que nous avons toutes les peines du monde à obtenir des corvées de quartier régulièrement faites.

Les vautours seuls peuvent en partie débarrasser la ville des immondices que les habitants laissent aussi bien en pleine rue que dans les terrains vagues avoisinant leurs cases.

Quant aux animaux domestiques, ils jouissent également de la plus grande liberté ; il arrive même très souvent qu'ils en abusent.

Quant à la ville elle-même, on a continué les travaux de défense déjà ébauchés.

Entre la lisière de la forêt et les murs de la ville, on a creusé plusieurs rangées de trous de loup, c'est-à-dire des excavations assez profondes, disposées comme des nids d'abeilles ; cet obstacle maintiendra sous nos feux l'assaillant, lorsqu'il tentera de déboucher de la forêt.

La ville a une enceinte fortifiée qui s'appuie, d'une part, à la factorerie Régis, organisée défensivement ; en continuant, on rencontre le fort des Amazones, dont le point le plus élevé est surmonté d'un mirador, sorte de belvédère ou poste d'observation garni de canons-revolvers.

L'échafaudage est établi autour d'un palmier ; il est protégé par une rangée de tonneaux remplis de terre formant une première masse couvrante ; les abords sont défendus par des piquets reliés entre eux par des fils de fer, sorte de ronce artificielle destinée à calmer l'ardeur belliqueuse de l'ennemi, si la fantaisie lui prenait de s'en approcher de trop près.

Les autres forts sont organisés de la même manière. Ils portent les noms de fort *Oudard*, fort *Mousset*, fort *Bécon* et fort *Toffa*.

Dans l'intérieur de la ville, les deux factoreries *Morel* et *Fabre* sont organisées défensivement et peuvent au besoin servir de réduit, dans le cas où la première enceinte viendrait à être forcée.

La partie de la ville contiguë au fort des Amazones est occupée par nos troupes, et, en particulier, par les tirailleurs haoussas, sous les ordres du commandant Riou.

Ces tirailleurs semblent installés comme chez eux ; ils ont été autorisés à prendre femme dans le pays, et ces ménages, organisés au pied levé, en raison des circonstances, semblent parfaitement unis.

Presque au centre de la ville s'élève le palais du roi Toffa, notre allié.

En temps ordinaire, le roi nègre n'offre aucune particularité ; il a la figure assez sombre, l'air triste et préoccupé ; il porte le plus souvent une casquette d'officier de marine ; à part un pagne de couleur voyante qui lui recouvre le corps, il a une partie du torse nue ; aux bras, nus également, de larges cercles d'argent.

Sa Majesté parle peu et, dans l'intimité, elle aime à se régaler de coktail, une sorte de boisson américaine.

Dans les grands jours, le roi revêt son costume d'apparat, couvert de décorations, et installe sur sa tête une énorme couronne fermée surmontée d'un lion couronné. Il prend en main une sorte de canne de tambour-major qui lui sert de sceptre.

C'est dans cette noble attitude et dans ce magnifique costume qu'il donne audience aux autorités françaises.

Au fond, c'est l'ennemi acharné de Behanzin et toute la sympathie qu'il nous manifeste repose sur la haine qu'il a vouée à son voisin.

Le lieutenant-gouverneur a sa résidence sur la place Jean-Bayol, presque au centre de la ville française.

C'est une maison fortifiée, n'ayant aucune prétention d'élégance. Une sentinelle veille nuit et jour à la porte que surmonte le drapeau français.

Victor Ballot, qui l'habite, est un ancien administrateur des Affaires politiques au Sénégal ; devenu résident, il a été nommé ensuite lieutenant-gouverneur des Établissements du golfe de Bénin.

Lors des événements de 1890 M. Ballot s'est fait remarquer

Le lieutenant-gouverneur Ballot.

par le dévouement avec lequel il a dirigé les affaires politiques du Dahomey.

Il a accompagné le commandant Terrillon dans la colonne expéditionnaire et, dans toutes les rencontres avec l'ennemi, il s'est conduit d'une façon remarquable. Cette conduite et, en particulier, sa brillante attitude au combat d'Atchoupa, lui ont valu la croix d'officier de la Légion d'Honneur.

Il va, paraît-il, accompagner le colonel Dodds, et celui-ci en est enchanté. Cette entente si cordiale entre les deux pouvoirs fait autant l'éloge du colonel que celui du lieutenant-gouverneur.

La ville de Porto-Novo n'a pas été la seule des villes du littoral que nous ayons fortifiée.

Kotonou, qui sert de jonction entre la mer et Porto-Novo et qui est située au débouché du lac Denham, a été également mise en état de défense. C'est un poste important au point de vue stratégique et au point de vue commercial, et il est indispensable, de le protéger.

Le terrain qui environne la ville est plat et sablonneux ; mais il est dominé de toutes parts par une maison, dite maison du Télégraphe que l'on a organisée en une sorte de blockaus.

Une large véranda entoure le premier étage, on l'a protégée par des terrassements et on a garni tous les angles de canons Hotchkiss.

Ces canons tirent des cartouches contenant des boîtes à balle, dont chacune pèse environ 30 grammes ; il y en a vingt-quatre dans chaque cartouche.

On peut obtenir avec ces canons un tir continu dont la vitesse maxima peut atteindre soixante coups par minute.

Une épaisse plaque en tôle d'acier, nommée pare-balles, met à l'abri le pointeur et le servant.

Toutes ces précautions sont indispensables pour assurer la sécurité absolue de notre base d'opération.

Tout le matériel de campagne est également l'objet des soins du colonel.

On a distribué aux troupes leurs vêtements de colonie avant leur débarquement, et pour le transport on a organisé des pirogues avec des auvents en toile.

Le *Mytho* et la *Ville-de-Saint-Nicolas* ont débarqué, indépendamment du matériel de guerre, des couvertures imperméables, des baraques Decker pour les ambulances, des filtres Chamberland, des puits-tubes et quatre-vingts voitures Lefèvre.

Quant au service sanitaire voici comment il a été organisé :

On a créé un hôpital à Porto-Novo et une ambulance à Kotonou. De plus, à bord du *Mytho* on a installé un hôpital pour les fiévreux français qu'on ne voulait pas laisser à terre ; les blessés seront traités à l'hôpital de Porto-Novo.

Les stations provisoires évacueront leurs blessés, à l'aide des pirogues et des canonnières qui descendront le cours de l'Ouémé, sur Porto-Novo, tandis que les fiévreux ou les malades seront transbordés jusqu'au warf.

S'il est nécessaire, l'embarquement sur le *Mytho* se fera à l'aide de paniers-fauteuils qui amèneront sans aucune secousse les malades de la chaloupe sur le pont du navire.

Dès maintenant, on semble adopter une tout autre tactique : on va frapper directement au cœur du pays Décamé, en marchant directement sur Abomey. Le grand ennui, la grande préoccupation, c'est le transport du matériel.

Les porteurs ou hamaquaires sont les seuls moyens de transport du matériel.

Le hamac est supporté par une longue tige de bambou dont les extrémités reposent sur la tête des deux porteurs. Un coussinet en paille empêche les porteurs de se blesser à la tête.

Quelquefois, le hamac est porté par quatre nègres, mais c'est rare : cet honneur est réservé aux dignitaires de haute marque.

Ce mode de transport est très agréable en terrain plat. — Les hamaquaires marchent du même pas et le balancement du hamac invite à une douce somnolence.

Mais malheur au voyageur pressé; le tangage et le roulis se font sentir et cela est d'autant plus sensible que le terrain devient difficile; on pousse un soupir de soulagement quand on arrive à l'étape.

Les porteurs ont été difficiles à recruter. C'est le roi Toffa qui a dû en fournir la plus grande partie et, malgré toute la bonne volonté de notre allié, nous sommes loin d'avoir le nombre qui nous est nécessaire.

Les villages que nous traversons n'ont rien de séduisant : ce sont des huttes misérables au milieu des broussailles; on voit que ce pays a souffert des incursions et des razzias des Dahoméens.

Les cultures sont disséminées dans la brousse; on rencontre tantôt un champ de manioc, tantôt un champ de tabac, mais toute cette culture est défilée à la vue des regards indiscrets.

Quant aux troupeaux, ils sont invisibles, probablement pour le même motif.

Nous campons enfin près d'un village, ou plutôt, pour être plus exact, près des ruines d'un village.

Il n'en reste que des traces : des amas de cendres, des tiges de bambous à demi carbonisées, des poteries brisées, des loques noircies, voilà tout ce qu'il en reste.

Dans le lointain, nous entendons des bruits de tam-tam, c'est un cabécère de Porto-Novo, un des chefs de l'armée de notre allié Toffa qui vient au camp.

Ce n'est pas, à proprement parler, le bruit du tam-tam, mais bien plutôt le bruit du tambour sur lequel on frapperait avec une seule baguette.

C'est un peu monotone, mais la cadence est variable selon qu'elle accompagne une marche, une danse ou un chant.

Le tam-tam est, chez les nègres, aussi vénéré par les soldats que chez nous le drapeau. C'est un culte à peu près identique et la prise d'un tam-tam est une action d'éclat.

19 août. — Nous sommes campés aujourd'hui près d'un marigot dépendant de l'Adjarra, non loin du village de Takouti.

Je profite d'un moment de repos pour inscrire sur mon journal la formation du camp, tel qu'il est composé, avec toutes les ressources de la colonne.

Le terrain est uni comme le camp de Châlons et l'installation est des plus régulières. L'ordre adopté est, du reste, celui qui est prescrit pour tous les bivouacs.

Nous campons en carré : le front de bandière, c'est-à-dire la première face, regarde la direction de l'ennemi ; chaque face est composée d'une compagnie indigène encadrée par une section d'infanterie.

Les faisceaux sont formés en avant des tentes et à chaque angle une section d'artillerie est en batterie.

Campement dans la brousse.

Dans l'intérieur vient ensuite le bivouac des porteurs, des conducteurs et les mulets.

Presque au centre du carré, la tente du colonel qui a, à sa droite, la tente du lieutenant-gouverneur, et à sa gauche celle de son chef d'état-major.

Les chefs de groupe ont leur tente en arrière du centre des trois premières faces.

En arrière de la ligne des tentes du commandant supérieur, les tentes des médecins, interprètes, secrétaires d'état-major, etc...

Puis, en dernière ligne, le convoi administratif, l'ambulance avec tous les *impedimenta*.

La plus grande discipline règne dans tout le camp et le colonel n'admet ni ne tolère aucune infraction au règlement.

Les tentes sont toujours régulièrement dressées; mais le commandant supérieur a prescrit d'installer sous chaque tente des hamacs pour isoler le soldat du contact du sol.

Ce hamac est supporté par deux tiges fourchues à leur extrémité, que l'homme enfonce en terre.

Ce procédé a été adopté par les Anglais, dans leur campagne contre les Ashantis, et ils s'en sont fort bien trouvés.

Voici quel est à peu près la composition de la colonne expéditionnaire.

Elle comprend :

1 bataillon de la Légion étrangère à 800 hommes;

1 compagnie d'infanterie de marine à 150 hommes;

5 compagnies et demie de tirailleurs sénégalais, soit 750 hommes;

3 compagnies de volontaires sénégalais, soit 450 hommes;

2 compagnies de tirailleurs haoussas, soit 400 hommes ;

2 escadrons de cavalerie, soit 200 sabres ;

2 batteries d'artillerie, soit 300 hommes ;

1 section de génie, soit 60 hommes.

Les troupes noires formaient, en 1890, la majeure partie des éléments qui avaient servi au commandant Terrillon dans la première expédition.

Toutefois on n'a pas pu avoir une composition homogène dans la formation des unités de tirailleurs sénégalais. — En effet, le Gouvernement du Sénégal prend, pour les expéditions du Soudan, la presque totalité du recrutement des tirailleurs opéré dans le Bas-Fleuve.

On a dû recourir à la prime, pour compléter les effectifs, et l'instruction des cadres de ces compagnies est un peu négligée.

Ce n'est plus la même discipline qu'on observe dans les corps des tirailleurs sénégalais.

En outre, deux éléments nouveaux ont été ajoutés : ce sont les tirailleurs haoussas et les gardes civils ou militaires.

Les haoussas sont particulièrement recrutés dans le bassin du Niger moyen.

Leur tenue est sensiblement pareille à celle des tirailleurs sénégalais, quoique plus sommaire ; toujours le large pantalon de toile avec une veste sans col et sans aucun ornement.

Un ceinturon portant le sabre-baïonnette ajuste sur les hanches cette veste un peu ample.

Les hommes sont coiffés d'un chéchia, tandis que les officiers portent le casque en moelle de sureau. C'est une distinction de coiffure qui sera préjudiciable aux officiers et qui les

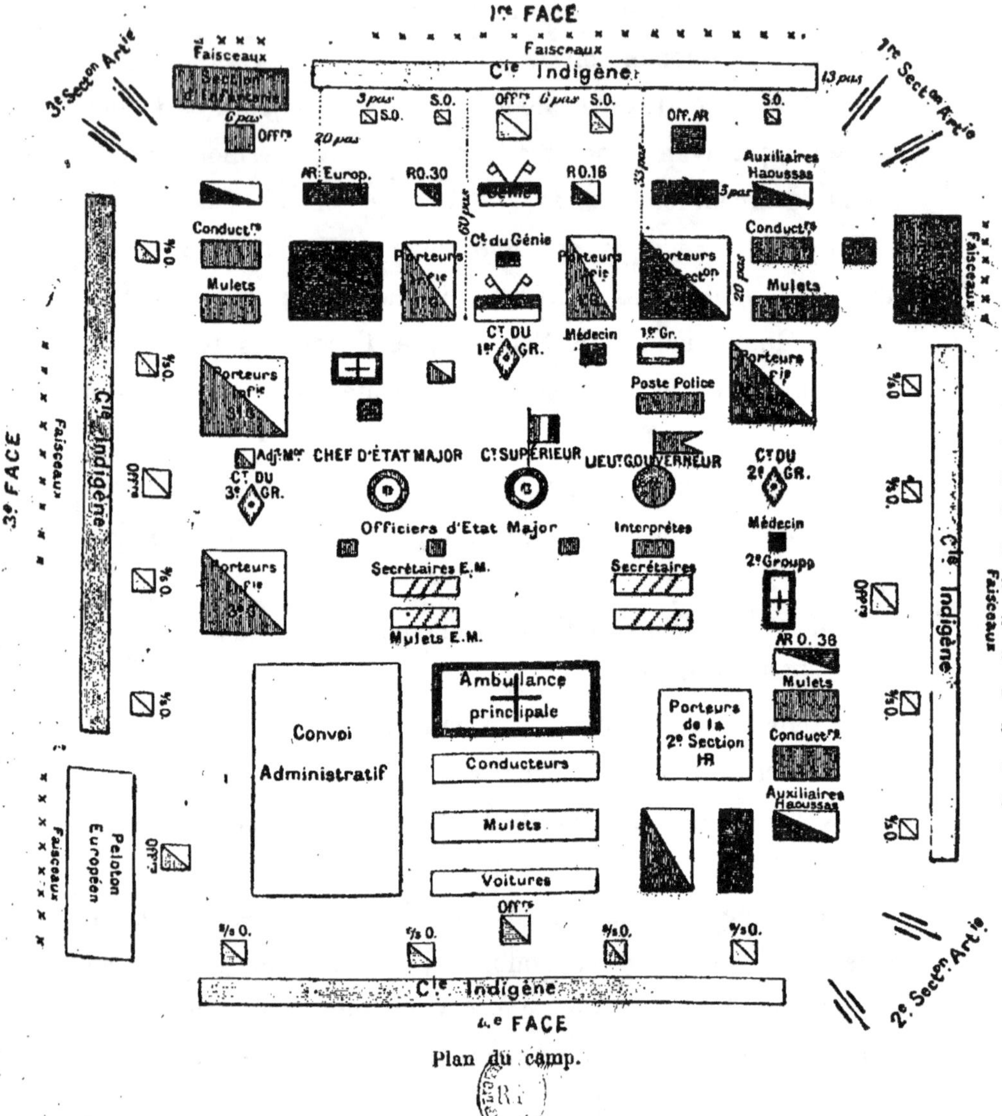

1re FACE

Faisceaux

Cie Indigène

3e Sectⁿ Artie

1re Sectⁿ Artie

Faisceaux

Section d'artillerie

Offrs

3 pas   S.O.   S.O.   Offrs 6 pas   S.O.   Off. AR   S.O.

13 pas

20 pas

AR. Europ.   R.O.30   Génie   R.O.16

Auxiliaires Haoussas

5 par

Conductrs   Mulets

Conductrs   Mulets

Porteurs Cie   Ct du Génie   Porteurs Cie   Porteurs Section

60 pas

33 pas

20 pas

Ct DU 1er GR.

Médecin   1er Gr.

Porteurs Cie

Poste Police

Cie Indigène

Faisceaux

3e FACE

%s O.

Porteurs Cie

Offrs

Adjt Mor   CHEF D'ÉTAT MAJOR   Ct SUPÉRIEUR   LIEUTGOUVERNEUR   Ct DU 2e GR.

Ct DU 3e GR.

Officiers d'Etat Major   Interprètes   Médecin

Secrétaires E.M.   Secrétaires   2e Groupe

Mulets E.M.

AR O. 38

Mulets   Conductrs

Auxiliaires Haoussas

Convoi Administratif

Ambulance principale

Conducteurs

Porteurs de la 2e Section HR

Mulets

Voitures

Offrs

Peloton Européen

Faisceaux

Offrs

2e Sectⁿ Artie

%s O.

Cie Indigène

4e FACE

Plan du camp.

2e FACE

Cie Indigène

Faisceaux

désignera plus particulièrement aux coups des bons tireurs de Behanzin.

Je viens de faire une emplette importante. C'est un bon petit cheval qui répond au nom d'Ali.

On me dit qu'il est doux comme un agneau et qu'il se nourrit de rien ou à peu près.

Depuis deux jours que je l'ai, nous vivons tous deux dans les meilleurs termes et j'apprécie comme fort exactes les qualités qu'on lui a prêtées.

C'est qu'elles sont précieuses pour une campagne : il se peut fort bien, en effet, que je ne puisse toucher, pour lui, de l'orge au titre remboursable et il est important qu'il puisse se serrer le ventre à l'occasion.

Quant à la douceur, je l'exige aussi en campagne. C'est une faute pour un officier de rechercher un cheval trop fringant. Si, pour aller parader au bois de Boulogne, on recherche un cheval quelque peu difficile, en revanche, en colonne, quand on a un ordre à donner ou à transmettre, il ne faut pas perdre son temps à batailler avec sa monture.

Je pense donc que nous ferons bon ménage.

Lanord nous a fait, ce soir, un salmis de tourterelles, qui était délicieux. C'est vraiment curieux de voir ce garçon installer sa cuisine d'une façon aussi primitive et y cuisiner des mets ne sentant pas la fumée et parfaitement cuits à point.

J'ai été souvent invité chez mes camarades aux popotes voisines, je n'ai rien trouvé de comparable aux menus de mon cordon bleu. Tout le monde me l'envie et je commence à penser qu'en ce bas monde, pour avoir beaucoup d'amis, il faut avoir un bon cuisinier.

Mais il y a un revers à la médaille : mes petites provisions vont s'épuiser vite, et, si on croit les on-dit, nous aurons du mal à nous ravitailler, dès que nous allons être dans le pays Décamé.

Nous allons restreindre nos invitations.

21 *août.* — Mon cheval Ali, excité par les mouches, se débarrasse de son cavalier et nous nous séparons non... à l'amiable.

Mauvais présage pour un début. Heureusement que nos hommes n'ont rien vu. Je reprends possession de ma selle et de mon aplomb. Ma dignité n'a pas souffert. En revanche, je serai un peu courbaturé ce soir et mon hamac me paraîtra encore plus dur.

Pendant les premiers jours, je n'ai pu m'habituer à ce mode de couchage d'un équilibre légèrement instable et d'un moelleux douteux.

Eh bien ! maintenant que je suis rompu de fatigue, depuis que nous chevauchons, j'ai des ivresses de sommeil et je dors à poings fermés.

Nous campons ce soir près d'un lac fétiche, à ce que l'on m'assure. Mais je n'ai rien remarqué qui puisse, à première vue, lui valoir cette réputation. Il est entouré de roseaux de près de 3 mètres de haut. Ce serait même dangereux de s'approcher de ce fourré impénétrable, car on risquerait de disparaître sans avoir pu appeler ses camarades à son secours.

De loin en loin, grâce à des échappées, on voit la nappe d'eau couverte d'oiseaux de toutes sortes, canards, cygnes, ibis, hérons, etc.

Mais ce qui anime ce tableau et complète ce décor miroitant, ce sont de beaux flamands roses presque immobiles.

L'eau est stagnante et unie comme un immense miroir ; ce serait ravissant, si on ne voyait pas de vagues bandes bleuâtres flottant comme de fines vapeurs : ce sont les fameux miasmes des marais, ces miasmes qui pénètrent, font frissonner et tuent...

Espérons que nous ne moisirons pas ici.

On me donne l'explication du lac fétiche. C'est un lac qui assure les bonnes récoltes ; pour se le rendre favorable, les féticheurs y précipitent de temps à autre un indigène choisi pour la circonstance.

On lui donne une bouteille de tafia et des provisions de route. Le lac, satisfait, répand aussitôt autour de lui la fécondité. Ce n'est pas plus malin que cela.

22 août. — Nous campons près du village de Takou. Après le bombardement du village, le colonel l'a fait attaquer par le premier groupe.

Le commandant Riou l'enleva vigoureusement et parvint rapidement au centre ; mais, arrivées en ce point, les troupes auxiliaires qui étaient avec nous, les Hadans, se sont immédiatement répandues dans le village incendié pour le piller. A ce moment même, les Dahoméens reprirent une vigoureuse offensive.

Le commandant Riou, blessé au bras, rallia tout son monde et continua le combat avec vigueur, en demandant toutefois du renfort au commandant du 2ᵉ groupe, le commandant Lasserre.

Celui-ci, qui s'était rapproché au bruit de la fusillade, fut atteint lui-même, dès le début du combat, à la jambe gauche.

Nous avons eu dans cette affaire quelques blessés, dont l'un vient de mourir, il y a une heure.

Deux sergents ont été grièvement blessés.

L'un d'entre eux, le sergent Clairin, a reçu au moins huit balles dans le corps, dont une dans la tête.

Le docteur m'a dit qu'il espérait le sauver. C'est un sergent de ma compagnie, qui est très sympathique.

Ce brave garçon n'a dû la vie qu'au dévouement de son lieutenant, mon ami Passaga, qui, pendant le feu de l'ennemi, voyant que son sergent perdait du sang en grande quantité, a pu, à l'aide de son mouchoir, serré fortement, arrêter une hémorragie qui aurait pu être très dangereuse.

Le sergent-major Farret a reçu également une balle, dont l'extraction présentera certainement des difficultés.

Le docteur n'a pas osé la tenter aujourd'hui en raison de la faiblesse de ce pauvre sous-officier.

J'ai bien peur qu'il n'y puisse survivre.

27 août. — On vient de nous notifier que notre correspondance est dispensée de l'affranchissement. Quelle chance! Je vais mettre mes lettres à jour, je ne peux trouver une meilleure occasion de profiter de la munificence du Gouvernement.

On nous a lu aussi un télégramme du ministre de la marine qui nous renouvelle l'expression de son entière confiance et nous souhaite bonne chance!

Les opérations ne vont donc pas tarder à commencer d'une façon sérieuse.

Prisonniers interrogés.

CHAPITRE VIII

Marche offensive dans la vallée de l'Ouémé. — Alerte des singes. — Un marché nègre. — Combat de Dogba. — Le commandant Faurax blessé mortellement. — Revue du 22 septembre. — Mon guide Zokoto. — Je suis détaché à la recherche de l'eau. — Visite du colonel. — Reconnaissance du gué de Tohoué. — Combat de Poguessa. — Mort du capitaine Bellamy. — Reconnaissance du lieutenant-colonel Gonard.

1er *septembre*. — La marche de la colonne n'est plus entravée par l'ennemi. La grande difficulté est, pour nous, de créer des chemins où peuvent passer nos canons et les voitures Lefèvre.

Le pays est coupé de marigots, de lagunes qui nécessitent des travaux des sapeurs du génie. Ces marigots sont des affluents de l'Ouémé qui coulent vers le fleuve quand les eaux sont basses, mais qui sont à pleins bords quand les eaux sont hautes.

Le cours du fleuve est monotone dans les environs de la

lagune de Porto-Novo ; mais, dès que l'on a quitté le Delta, l'Ouémé a un cours sinueux.

La rive nord de la lagune est longée à faible distance par une petite colline qui suit le cours de l'Ouémé.

Nous nous sommes arrêtés près d'un village dont les maisons sont construites sur une sorte de pilotis, assez semblable au village du lac de Denham.

Un double escalier, sorte d'échelle de meunier, conduit au rez-de-chaussée, lequel est rarement habité, en raison de l'humidité. Autour du premier étage est construite une véranda en bambous qui donne accès dans les deux pièces de la maison.

C'est un logement bien insalubre: il est, du reste, facile d'en juger à l'aspect des habitants de ce village, qui semblent minés par les fièvres.

La halte heureusement n'a pas été de longue durée ; nous sommes repartis au bout d'une heure. Les sapeurs de la colonne n'avaient pas perdu leur temps ; aidés par les nègres disponibles, ils avaient pu frayer à la colonne le chemin que nous suivions en ce moment.

Nous traversons un fourré inextricable et une végétation magnifique. Des arbustes aux fleurs singulières s'enchevêtrent les uns dans les autres ; des bananiers, des papayers sont reliés entre eux par des lianes tellement serrées qu'on ne peut avancer que la hache à la main. Nos scies passe-partout fonctionnent à merveille.

Ces forêts sont peuplées de singes: ces braves ouistitis nous regardent travailler sans trop s'effaroucher.

Nous campons enfin près d'un village de très belle apparence.

Les habitants viennent se prosterner devant le colonel et leurs contorsions sont des plus grotesques.

Certains d'entre eux surtout s'accroupissent sur leurs jarrets et joignent les mains dans des attitudes les plus bizarres ; d'autres font entendre un cri guttural en se frappant les lèvres en cadence.

Pendant toute la soirée, nos hommes se sont distraits à répéter entre eux ces marques extérieures de respect.

Ce spectacle, qui m'amuserait en tout autre moment, me laisse froid. Je sens un malaise général m'envahir sous cette atmosphère pesante et humide et j'attends la nuit avec impatience ; puisse-t-elle m'apporter un peu de fraîcheur !

Le temps est à l'orage : la chaleur est suffocante. Je me jette sur mon hamac sans songer à dîner.

2 *septembre*.— Je me suis levé de fort bonne heure. Je n'ai pas pu fermer l'œil ; d'abord la nuit a été aussi chaude, aussi lourde que le jour, et, de plus, nous avons été troublés par deux ou trois alertes des singes.

Ils sont venus jusqu'à portée de nos sentinelles qui, surprises par le bruit que font ces animaux dans la forêt et, probablement aussi, énervées par la chaleur orageuse, ont tiré sur eux, croyant avoir affaire à des Dahoméens.

Ce matin, le colonel a promis quinze jours de prison et la garde sans armes à toute sentinelle qui donnerait ainsi l'alerte à tout le camp et ferait preuve d'un manque absolu de sang-froid.

Le châtiment est dur, mais il importe que l'on puisse reposer ; il y va de la santé de tous les hommes de la colonne.

M'étant levé de bonne heure, parce que je ne pouvais dormir, je ne l'ai pas regretté. J'ai assisté à un magnifique lever de
soleil.

Au loin, l'horizon s'est dégagé par une ligne bleuâtre; à
peine pouvait-on l'apercevoir et la deviner, puis tout s'est fondu
en une seule teinte, la plaine, la forêt, le ciel.

L'horizon a pris une teinte orangée, qui a pâli tout doucement, tout doucement, jusqu'à devenir presque blanche; alors
subitement une éclatante nuée d'or a illuminé tout le paysage.
C'était magnifique.

La colonne n'a pas continué sa marche; des détachements de
travailleurs sous la conduite des sapeurs sont partis organiser
un pont sur un marigot que nous traverserons demain.

J'en profite pour me rendre au village : c'est le jour du marché. Comment le dépeindre?

C'est une cohue, un grouillement, où l'on vend de tout, où
l'on entend tous les idiomes, où les parfums (?) les plus divers
se mêlent.

Ce sont les parfums surtout !... L'huile rance bouillie des
marchandes de pâtisserie (?), la fumée âcre de la corne roussie
d'un vieil âne que l'on ferre en plein vent, le parfum fade de
l'ambre, du cuir tanné, des peaux de boucs, du beurre rance,
des gris-gris, des ordures et des débris de toutes sortes.

Et surtout le soleil qui chauffe tout cela et qui commence
déjà à griller...

Oh! ces odeurs !...

Et dans tout ce grouillement, les hommes gesticulent, les
femmes crient, se disputent, se bousculent...

Les négresses, assises en rang d'oignons, ont établi leur

étalage sur la terre battue ; elles semblent somnoler derrière leurs piles d'oranges ou de galettes rancies.

Quant au bétail, il se promène à sa guise, bouleverse les calebasses pleines de mil, de manioc et autres marchandises, poursuivi par les clameurs et les vociférations des mercantis en fureur.

J'ai hâte de fuir ce milieu grouillant et empesté. J'y pourrais récolter des hôtes incommodes.

19 *septembre*. — Avant de marquer sur mes notes le combat qui vient d'avoir lieu, je vais y porter le détail de notre camp.

Nous campions comme toujours en carré, faisant face à un bois de palmiers et adossé à l'Ouémé.

La face du premier groupe, commandée par le commandant Riou, était composée des compagnies Drude et Jouvelet et de la compagnie Roulland de l'infanterie de marine.

La face de gauche était sous les ordres du commandant Faurax, et la face de droite sous les ordres du commandant Lasserre.

A cinq heures du matin, le clairon sonne la diane : Lanord était déjà dans ma tente et préparait le café, lorsque des coups de feu se font entendre en avant de nous.

Presque aussitôt des sifflements de balles se font entendre, et une d'entre elles vient frapper sur la petite marmite que mon ordonnance tenait entre ses mains. Il fait un bond en arrière et me regarde d'un air ahuri.

Je saute de mon hamac en un clin d'œil et j'entends les cris de : « Aux armes ! »

Les coups de feu continuaient et les balles crépitaient autour de nous; je cours à la tente de Badaire, mon lieutenant, pour l'avertir qu'on prenait les armes: je le trouve accroupi près de son hamac, la tête sur ses genoux et tenant encore un lacet de son brodequin dans la main droite.

Sans m'attarder plus longtemps et tout bouleversé de cette attaque imprévue, je cours sur le front de bandière. Une partie de mes hommes y était déjà. Les faces du carré se forment aussitôt et nous constatons des rangs entiers de nègres qui sortent de la forêt. Les feux de salve commencent à crépiter et, bientôt après, le capitaine Martinet fait entendre la voix de ses canons.

Il fait tirer à mitraille contre les masses qui essayent de déboucher de la forêt et le carnage commence. Nous nous remettons un peu de notre alerte, et les tranchées sont occupées régulièrement par nos troupes qui, par leurs feux de salve, brisent l'élan de toutes les charges que l'ennemi lance successivement sur nous.

Son tir n'est pas réglé. — Il nous fait peu de mal; cependant le bruit circule que le commandant Faurax, qui commandait le deuxième groupe, à notre gauche, est blessé à mort.

Enfin, au bout de quatre heures, les attaques cessent; nous pouvons respirer. Pendant que la poursuite s'organise, je vais contempler le champ de bataille. C'est par centaines que les cadavres sont amoncelés sous des débris de branchage.

Nous avons de notre côté 4 tués, dont ce pauvre Badaire, et 11 blessés, dont le brave commandant Faurax que nous aimions tous.

Le colonel, quoique bien ému, et surtout bien plus ému qu'il

Mort du commandant Faurax à Dogba.

ne voulait le laisser paraître, a adressé des félicitations à tous.

Il vient de les renouveler dans un ordre du jour auquel j'emprunte ces dernières phrases :

« Le colonel commandant le corps expéditionnaire du Dahomey a constaté avec une légitime fierté que les troupes présentes à Dogba sous ses ordres ont résisté à cette attaque inopinée avec un calme et un sang-froid remarquables: il leur adresse, au nom de la France, toutes ses félicitations.

« Les Dahoméens viennent d'éprouver une défaite inoubliable et qui pèsera certainement d'un grand poids sur l'issue de la campagne. »

Ce soir, nous sommes incommodés par les odeurs d'une opération qu'il a fallu faire immédiatement, sous peine d'être asphyxiés pendant plusieurs jours. Au lieu de perdre un temps immense à enterrer les cadavres des noirs qui jonchent la forêt et les alentours du camp, le colonel vient de décider de les incinérer. On a établi aussitôt un immense bûcher avec tous les branchages et tous les arbres fauchés par la mitraille, on a hissé là-dessus tous les cadavres des Dahoméens et on y a mis le feu.

Heureusement le vent chassait la fumée loin du camp ; mais nous avons senti tout de même, jusqu'au lendemain matin, une odeur de chair roussie qui prenait à la gorge.

Toutes les conversations roulent sur nos pauvres camarades. Le commandant Faurax est absolument perdu et cette perte nous attriste au plus haut point ; les visages sont sombres et on se demande avec anxiété comment finira cette campagne si elle débute ainsi. . . . .

Le commandant Faurax était jeune encore ; il n'avait que

quarante-trois ans et il fut un des premiers blessés de la guerre de 1870 au combat de Sarrebruck.

A peine guéri, il a fait la campagne avec Bourbaki et fut décoré à cette époque. Depuis, il n'a pas manqué une campagne, la Tunisie et le Tonkin. Partout il s'y était fait remarquer.

A son retour, le Gouvernement l'envoya en mission au Japon, en Chine et en Sibérie.

C'est sur sa demande qu'au moment de l'expédition du Dahomey il obtint de revenir à la Légion étrangère et le voilà frappé un des premiers.

22 septembre. — Nous avons fêté aujourd'hui le centenaire de la proclamation de la République et de la victoire de Valmy.

A cette occasion, dans les trois camps de la colonne, il y a eu revue, défilé et repos toute la journée.

C'est le colonel qui a passé lui-même la revue à notre campement ; on a tiré vingt et un coups de canon, le matin, à midi et le soir.

Nous marchons toujours bien lentement sans nouvelles de l'ennemi.

Notre marche est surtout entravée par la difficulté des communications. Je me suis toujours demandé comment il se fait qu'on ne peut employer l'Ouémé pour le transport de la colonne.

Du moment où les porteurs faisaient défaut, on aurait dû faire tout le transport par voie d'eau sous la protection des canonnières. Nous manquions de remorqueurs : voilà, je crois, la vraie raison.

Ils nous auraient été utiles, non seulement, pour nos transports sur le théâtre de nos opérations, mais encore pour organiser tous les services de l'arrière.

C'est M. de Fésigny, lieutenant de vaisseau, qui commande la flottille de la colonne, qui a également la direction de ces services. On attend d'un jour à l'autre sa nomination de capitaine de frégate. C'est lui qui commandait l'*Éclaireur* lors des événements de 1890.

Ce n'est pas à lui qu'on doit faire remonter le défaut d'organisation et l'absence de canonnières et de remorqueurs.

Voici ce que l'on m'affirme.

Le Ministre de la marine a donné l'ordre au port de Rochefort d'armer la canonnière le *Météore*. On s'est aperçu bientôt que le navire ne pourrait prendre la mer en raison d'une avarie survenue à son arbre de couche.

On a désigné alors un autre navire : le *Scorpion* qui appartenait au même port.

Le 10 août, la canonnière a quitté l'île d'Aix. Mais il paraît qu'elle n'a pu dépasser Dakar où elle est arrivée en avarie le 29 août.

Depuis, on n'en a plus aucune nouvelle.

26 septembre. — Nous traversons un fourré impénétrable ; la marche est très difficile au milieu des broussailles épineuses. Nous sommes obligés d'appuyer à droite. Enfin nous campons. Je me dépêche de me changer, car ce matin je déjeune à la table du colonel. Il est de fort mauvaise humeur contre le chef des hamaquaires, celui qui dirige le convoi des porteurs : il l'a fait attacher, mais ce châtiment n'a pas l'air d'émouvoir le nègre qui conserve une attitude passablement fière et hautaine.

Nous déjeunons en plein soleil. La chaleur est intense et j'ai grande hâte d'aller faire la sieste.

Dans la soirée, nous entendons de nombreux coups de fusil; j'en ai été prévenu par les avant-postes et je fais de suite rendre compte au colonel. Je n'ai jamais eu l'explication de cette fusillade.

27 septembre. — Vers onze heures et demie, la colonne campe. Nous sommes sur un terrain marécageux; j'ai hâte de me reposer; je ne suis pas plutôt endormi qu'on vient me chercher de la part du colonel.

Il me faut partir en reconnaissance de suite pour chercher un point de passage pour le lendemain. Je ne trouve qu'un passage à bœufs qui n'est pas brillant; il faudra s'en contenter, c'est le seul. En traversant les hautes herbes pour regagner le camp, nous faisons lever un troupeau de biches.

C'est un mauvais présage, si l'on en croit les indigènes; la biche a le mauvais œil. — C'est, du moins, ce que nous racontent les deux chefs de village qui marchent avec nous.

En rentrant, je les ai gardés à déjeuner à la popote; mais, comme nous n'avons pas assez de matériel, ils ont dû manger à la mode du pays, c'est-à-dire avec leurs doigts. C'est peu appétissant de les voir râcler leur assiette avec leurs doigts luisants de graisse et les pourlécher gloutonnement.

28 septembre. — Hier, j'ai reçu l'ordre de prendre avec moi un peloton de spahis et les contingents et d'aller sur le flanc de la colonne à la recherche de l'eau.

Nous souffrons véritablement du manque d'eau. Sur le territoire du roi Toffa, les indigènes nous en apportaient et nous en avions suffisamment ; mais, depuis que nous sommes en pays Dahoméen, c'est une véritable souffrance ; nous ne trouvons que de rares citernes ou des mares boueuses provenant des dernières pluies.

J'ai reçu, hier, un guide pour ma reconnaissance. Il s'appelle Zokoto, c'est un vieux brave qui nous sert avec beaucoup de dévouement, malgré son grand âge (il a près de quatre-vingt-dix ans) ; il vient de Grand-Popo pour nous servir de guide. Je me demande s'il pourra remplir sa mission jusqu'au bout.

Ce matin, je me suis trompé d'une heure et j'ai fait lever mon monde trop tôt. Fort heureusement le colonel ne s'en est pas aperçu. A six heures nous étions en route.

La marche est très pénible, il fait une chaleur atroce. Dès le matin, notre guide nous égare ; comme il nous fait suivre un chemin qui semble dans la direction, je ne puis contrôler si nous flanquons bien la colonne.

La forêt est tellement épaisse que je crains de perdre une partie de mon monde ; j'en suis réduit à faire battre du tam-tam à outrance pour ramener les égarés.

Enfin j'apprends que la colonne est arrêtée ; je n'ai pas trouvé une goutte d'eau : j'en informe aussitôt le colonel et je prends mes dispositions pour installer mon campement.

On m'a construit rapidement une case magnifique où je me repose, car je suis rompu de fatigue.

Pendant que je profite avec joie de ce demi-sommeil, des griots (chanteurs nègres) viennent me donner une aubade et chanter mes louanges ainsi que celles de tous les animaux qu'ils croient ma propriété. Cette musique monotone me berce et finit par m'endormir complètement.

29 septembre. — Nous reprenons notre marche, toujours à la recherche de l'eau.

Pendant cette reconnaissance, les contingents qui m'accompagnent se sont égarés ; cela m'étonne parce qu'ils nous suivaient de très près.

Au bout d'une heure, ne me sentant plus soutenu, je m'inquiète et je m'impatiente. Au moment où j'envoie à leur recherche, des coups de feu se font entendre sur ma droite.

Le doute n'est plus possible, ce sont les contingents de Toffa qui se sont écartés pour piller tout à leur aise.

Si ce n'était pas un motif politique, qui nous force à garder ces gens-là, je crois que le colonel aurait vite fait d'en faire fusiller quelques-uns.

Et toujours pas d'eau ; j'ai un long entretien avec mes guides, il semble en résulter que je ne pourrai atteindre l'eau que demain seulement. Je me propose, aussitôt arrivé au point où je dois camper, d'aller moi-même rendre compte au colonel de mon insuccès.

J'installe mon camp et me rends auprès du colonel. Je le trouve dans un état de surexcitation anormal ; il m'adresse des reproches immérités ; il prétend que j'ai emmené avec moi beaucoup plus de monde qu'il n'avait dit. C'est une erreur d'interprétation, comme il en arrive parfois ; je n'ai qu'à m'incliner et à peser davantage à l'avenir les ordres qu'on me donne.

Je rentre d'assez mauvaise humeur à mon camp. Il est

installé sur un petit plateau demi-circulaire où la terre est déjà battue. C'est, en effet, un camp où des nègres ont campé, il n'y a pas bien longtemps. J'y retrouve les traces de leurs feux de bivouac, les débris de toutes sortes, les vieilles litières et... d'autres souvenirs plus désagréables.

Mes hommes se sont installés tant bien que mal : ils ont encore tenté d'aller à la recherche de l'eau et sont revenus avec des mines allongées, l'eau étant saumâtre et nullement buvable.

Je dîne et la nuit vient ; elle est froide, humide, comme une nuit d'octobre.

Elle a été très agitée. Cette inquiétude de l'eau me préoccupe beaucoup ; puis la responsabilité de mon bivouac, qui est isolé du camp, ne me laisse pas dormir en toute tranquillité d'esprit.

J'entends tous les bruits et les murmures d'un camp. Par moment, des lueurs éclairent mon petit logis de toile blanche ; ce sont les hommes de garde qui jettent dans le brasier des genêts épineux, des broussailles. Vers minuit, des chevaux se sont détachés, j'entends leurs pieds nerveux battre le sol durci, puis des hennissements, des courses folles le long des tentes et je me demande avec effroi s'ils ne vont pas venir s'abattre sur la faible muraille de mon abri.

30 septembre. — Aujourd'hui je reçois l'ordre de conserver le même campement en prenant toutefois les mesures de sûreté nécessaires.

Je m'organise immédiatement pour que tout soit fait dans les meilleures conditions, car, hier soir, le colonel m'a fait dire qu'il viendra visiter mon poste et qu'il s'invite à déjeuner à notre popote. Grande joie !

J'ai aussitôt convoqué Lanord, mon cuisinier en chef, et ses aides marmitons.

Que n'ai-je le talent de mon camarade d'Ecole, mon cher Guinard, pour illustrer le menu du repas que va confectionner notre cuisinier en chef. — Mais un sergent de ma compagnie, qui a fait quelques croquis sur mon album, s'est chargé de la chose. C'est, du reste, fort gracieux : deux *D* entrelacés avec une jolie branche de genêts épineux.

Les spahis ont construit rapidement une case superbe qui va nous servir de salle à manger. L'entrée en est décorée avec des armes indigènes, des pagnes de couleur artistement drapés, et le même motif que celui du menu est reproduit sur le frontispice de la case.

C'est tout simplement magnifique !

Je me rends au-devant du colonel, il est très gai et paraît enchanté de notre accueil.

Il fait appeler notre chef de cuisine et le proclame un Vatel. — Lanord rougit jusqu'aux yeux, il n'a pas compris, mais il sent bien que c'est un compliment. Il balbutie un remerciement ; puis, à court de péroraison, il prend son courage à deux mains et crie : « Vive le colonel ! »

Nous appuyons le *Vivat !* de ce brave garçon et nous portons la santé de notre chef que nous aimons tant.

Ce qui explique le prestige du colonel et la popularité dont il jouit dans la colonne, c'est qu'il est bon d'abord et surtout qu'il est soucieux du bien-être de ses soldats. Il les aime beaucoup et les récompense largement toutes les fois qu'il le peut ; il est avec cela très entêté, mais aussi très prudent et très réfléchi. Ce sont de sérieuses qualités pour un commandant de colonne.

Le pont du *Corail*.

1ᵉʳ *octobre*. — Nous nous remettons en route. Mais on oblique fortement à gauche pour nous rapprocher du cours de l'Ouémé.

Au moment où le premier groupe de notre colonne arrive à hauteur de la forêt, un coup de feu, parti de la brousse, casse le bras à un tirailleur sénégalais placé un peu en arrière de moi.

Cette balle m'était certainement destinée; elle s'est trompée d'adresse. — On fouille immédiatement le terrain et, comme toujours, on ne trouve rien.

Cet incident nous indique qu'il faut nous tenir sur nos gardes. L'ennemi n'est pas loin.

2 *octobre*. — Nous voici à Gbédé sur la rive droite de l'Ouémé, à environ 4 kilomètres au sud de Poguessa.

Nous ne sommes pas passés au gué de Tohoué.

D'après les renseignements que nous avons reçus, les Dahoméens semblaient être en nombre pour défendre le gué, et pour éviter un passage de vive force, le colonel a préféré avec raison transborder ses troupes à l'aide des canonnières, des pirogues et des chalands réunis en ce point du fleuve.

Les canonnières ont pu remonter jusqu'à cet endroit qui est également celui jusqu'où la canonnière *Emeraude* avait pu remonter en 1888.

Voici les renseignements qui nous sont parvenus sur la situation actuelle de l'armée dahoméenne.

Le colonel Dodds avait chargé M. de Fésigny, qui commande la flottille sur l'Ouémé de reconnaître ce point et de revenir.

Le commandant a pris les devants avec le *Corail* pendant que la canonnière *Opale* continuait le déchargement.

Arrivé à la hauteur de Gbédé, l'*Opale* rejoignit le *Corail ;* les hommes étaient aux postes de combat, lorsqu'ils reçurent de la rive gauche un premier feu de salve. A hauteur du coude de Tohoué, les canonnières rencontrèrent l'ennemi ; il était armé d'artillerie et occupait les deux berges sur une longueur d'environ un kilomètre.

La reconnaissance terminée, les deux canonnières sont rentrées et ont opéré la descente, en répondant d'une façon précise aux feux de mousqueterie qui couvraient de balles et d'obus le pont des navires.

On a perdu dans cette affaire 1 homme tué et 4 assez sérieusement blessés.

Le correspondant du *Monde illustré*, M. Tinayre, qui accompagne la colonne et qui assistait au combat en faisant le coup de feu comme les camarades, m'a donné tous ces détails.

4 *octobre*. — Nous avons passé notre journée d'hier à faire de la sape en forêt.

Afin de tourner les positions ennemies qui défendaient le gué de Tohoué et faire tomber ces positions en nos mains, nous avons dû nous frayer une route sous bois, et, pour ne pas laisser deviner nos mouvements, nous avons marché pendant la nuit.

La nuit était sombre et profonde, sans lune, mais sans nuages. Les arbres fuyaient comme des ombres mystérieuses : on entendait le cri strident des nègres qui s'appelaient et ce cri se répercutait dans la sonorité de la forêt. L'air était imprégné d'une senteur inconnue qui rappelait l'odeur des grands marais.

Combat de Poguessa, 8 octobre. Mort de Bellamy.

Le sol sur lequel nous marchions était humide : c'est un terrain qui doit être particulièrement agréable aux reptiles : on sentait, tout en marchant, les miasmes de fièvres qui pénétraient le corps et le faisaient frissonner.

Après un travail très pénible, nous débouchons enfin d'une brousse très épaisse ; le combat s'engage aussitôt ; sur certains points de la ligne, les Dahoméens nous chargent avec vigueur.

Ce combat a été court, mais il a été meurtrier : nous avons eu 8 tués et 33 blessés. C'est beaucoup, mais, en plusieurs points, il y a eu des combats corps à corps et des chocs à la baïonnette.

Au nombre des tués : le capitaine Bellamy et le lieutenant Amelot.

Les deux compagnies de ces officiers ont particulièrement souffert ; elles ont eu à supporter les charges des amazones. C'est la première fois que nous constatons la précision avec laquelle elles se servent de leurs fusils à tir rapide. C'est aussi ce qui explique la proportion plus grande d'officiers tués ou blessés.

La présence des amazones indique que Behanzin dirige le combat. C'est, en effet, la garde royale du monarque nègre. Elle a été décimée aujourd'hui, ainsi qu'en témoignent les nombreux cadavres abandonnés dans la brousse. Encore nous n'avons pas tout vu.

5 *octobre*. — Nous avons quitté Poguessa pour nous diriger à la poursuite de Behanzin. Nous avançons péniblement : il faut nous frayer un chemin pour notre artillerie qui a bien de la peine à nous suivre.

En quittant le bivouac, mes hommes ont découvert le cadavre d'un maréchal des logis de spahis, un superbe Sénégalais, horriblement mutilé.

Nous nous rappelons qu'il est tombé un des premiers, lorsque l'avant-garde a exécuté hier une reconnaissance sur les positions de l'armée dahoméenne.

On essaie de le ranimer : mais il est bien mort ; on l'a adossé à un tronc d'arbre, mais il ne respire plus, son regard est vitreux et ses lèvres sont déjà tuméfiées. Le sang a coulé de l'arcade sourcillière jusqu'à l'oreille.

Plus nous avançons, plus nous découvrons des cadavres, des armes, des paquets de cartouches, plus loin des vestes de spahis sénégalais, un chameau éventré, un cadavre de cheval, puis des cadavres de nègres à moitié nus, couverts de gris-gris, des oripeaux...

Des vautours rôdent déjà autour des cadavres et n'osent s'abattre... Ce sont les corbeaux de ce pays-ci.

Toute cette terre d'Afrique est couverte d'un voile de mort ; à l'horizon la plaine est unie, plate et vide ; l'Ouémé s'y déroule comme un long ruban pâle ; à quelques lieues dans l'est on remarque quelques palmiers, mêlés à des végétations chétives ; on me dit que ce sont les vestiges d'un ancien village.

Pas la moindre trace de culture. Le soleil nous grille et sa chaleur dégage de la terre des remous de couches d'air surchauffé comme au-dessus d'un poêle rouge.

Nous sommes campés sur un affluent du Zin entre Poguessa et Devouta.

Le génie travaille à la construction d'un pont qui va nous permettre de traverser sur l'autre rive.

Pendant la construction nous avons été obligés de faire le coup de feu. Les Dahoméens ont été assez prudents au début, puis ils se sont encouragés et leur audace a été telle qu'il a fallu employer l'artillerie pour les tenir à distance et protéger les travailleurs du génie.

Les contingents de Toffa sont peut-être des auxiliaires précieux, mais quels pillards ! Ils ramassent tout ce qu'ils trouvent, animaux, porteurs, captifs. C'est une véritable débandade chez eux quand l'action est terminée.

Au moment où nous allons goûter les douceurs de dîner à notre aise, nous apprenons que le colonel accepte la soumission de Chatingan, le chef d'un village voisin qui est venu demander l'aman.

Encore une canaille qui échappe au sort qu'il a pourtant bien mérité et qui recommencera dès que nous aurons tourné les talons.

Je ne m'explique pas les motifs qui ont inspiré au colonel cet acte de faiblesse. Il n'est cependant pas coutumier du fait.

Voici l'ordre du jour de la journée d'hier :

« Le 4 octobre, à neuf heures du matin, le corps expéditionnaire, en marche sur Poguessa, a été attaqué par le gros de l'armée dahoméenne dans un terrain des plus difficiles.

« Après deux heures d'un combat acharné, l'ennemi a battu en retraite, laissant devant notre ligne de nombreux cadavres, parmi lesquels on a relevé une quantité notable d'amazones, formant la garde particulière du roi Behanzin.

« Le colonel félicite toutes les troupes du corps expéditionnaire, et, notamment, le groupe du commandant Lasserre et la compagnie Bellamy, qui ont eu à supporter l'effort principal de l'action, des qualités militaires dont ils ont fait preuve dans cette circonstance ; il exprime également sa satisfaction à MM. les commandants du *Corail* et de l'*Opale*, qui ont flanqué la ligne de feux de la façon la plus efficace.

Au bivouac de Poguessa, le 5 octobre 1892.

« DODDS. »

Nous n'en dînons pas moins de fort bon appétit.

Toutefois, il nous semble que M. Lanord se néglige ; sa cuisine laisse quelque peu à désirer, je le fais appeler et lui lave la tête.

Le malheureux ose répondre qu'il aura grand'peine à faire mieux désormais, car il ne touche plus que des viandes de conserve et du biscuit. Quant à l'eau, elle est boueuse et a un goût saumâtre.

C'est une bien grosse question que la question de l'eau, et c'est maintenant que j'apprécierais avec plaisir une source limpide et claire.

Endormons-nous dans cette douce pensée.

La nuit est transparente et lumineuse, silencieuse et pénétrante comme la nuit des pays chauds.

Le seul bruit qu'on entend dans le lointain est le glapissement triste et lugubre du chacal auquel répondent les aboiements furieux des chiens du camp.

Des milliers d'insectes, de grillons, de cigales, de cris-cris, de grenouilles font entendre un bruissement ininterrompu et assourdissant.

6 octobre. — Le chef d'état-major, le commandant Gonard a dirigé aujourd'hui la reconnaissance sur les positions de défense créées par Behanzin en avant de la route d'Abomey.

Ces défenses consistaient en quatre lignes fortifiées qui couvraient l'accès du plateau sur lequel se trouvent Abomey et Cana.

La marche est encore pénible : cela tient à ce que nous sommes toujours dans la vallée de l'Ouémé qui est inculte et broussailleuse ; les chemins n'existent pas, il faut les créer à la hache pour faire passer notre artillerie et nos bagages. Aussi avançons-nous très lentement.

La reconnaissance du commandant Gonard a été fort brillante. Nos troupes étaient pleines d'entrain, elles ont attaqué la position d'une façon remarquable, les retranchements ont été enlevés à la baïonnette et les Dahoméens se sont retirés en désordre, abandonnant des armes, des munitions, mais comme toujours aucune pièce de canon.

L'opération a débuté par le passage du pont qui avait été construit la veille, malgré une vive opposition de la part de nos ennemis.

Ce matin, il a encore fallu se fâcher. Le colonel a donné l'ordre au premier groupe de commencer le mouvement. C'était le commandant Gonard qui avait l'honneur de débuter.

Sous une pluie de balles, ses hommes passent intrépidement et chargent d'une façon remarquable. Les Dahoméens reculent et vont prendre position dans un fortin qu'ils avaient élevé pour défendre le passage de la rivière.

Nos soldats, sans hésiter, les y poursuivent, culbutent l'ennemi dans les fossés et s'installent victorieusement sur la position.

Il faisait chaud de toute façon : les clairons avaient beau sonner : *Il y a la goutte à boire là-haut!* en arrivant nous n'avons pas trouvé le moindre liquide. Ma gourde était vide et celle de mes hommes aussi. Il ne nous reste qu'à nous éponger. Quelle chaleur !

Le combat a été soutenu, sur notre flanc droit, par les deux canonnières le *Corail* et l'*Opale* qui nous ont donné un point d'appui très sérieux.

On a donné aux troupes un long repos, puis nous sommes venus nous établir près du village de Poguessa où nous bivouaquons ce soir.

Au bivouac, on cause beaucoup du combat de la journée. Ce qui étonne tout le monde, c'est la rapidité avec laquelle Behanzin fait battre en retraite son artillerie dès que le feu de ses canons est éteint ; quelle que puisse être la rapidité avec laquelle on marche sur eux, on ne peut arriver à s'emparer de leurs canons.

On parle aussi des amazones qui ont beaucoup étonné nos soldats : ni les canons, ni la mitraille, ni les feux de salve ne les arrêtent ; il faut un véritable sang-froid de la part de nos hommes pour résister à un pareil choc.

Nous nous accordons presque tous à évaluer à une dizaine de mille environ le nombre de nos assaillants. On me cite un homme de la Légion qui a failli être fait prisonnier et qui est en ce moment comme frappé d'insolation.

On l'a délivré des mains de l'ennemi qui l'avait déjà ficelé comme un saucisson. C'est probablement la quasi-certitude du sort qui l'attendait qui a déterminé chez cet homme cet accès de folie.

Colonne en marche à travers la forêt.

Pendant l'attaque de ce matin, nous avons été arrêtés, sur notre gauche par un marigot assez profond qui nous barrait la route.

J'ai envoyé les quelques spahis qui flanquaient la colonne sur la gauche, chercher un point de passage pour mes hommes.

Pendant ce temps, ceux qui restaient avec moi ont voulu tenter le passage : les premiers ont réussi, mais les seconds ont trouvé la pente trop glissante parce qu'elle était mouillée par les premiers et, comme elle était très raide, cavaliers et montures roulent dans le marigot.

J'ai alors cherché un point de passage plus praticable et j'en ai trouvé un, où nous avons pu passer presque à sec.

Il faut nous dépêcher, il n'y a pas de temps à perdre : les colonnes de droite semblent se préparer à donner l'assaut ; ne manquons pas une pareille fête.

La poursuite n'est pas continuée bien loin. — En effet, à 2 kilomètres du point où nous avions franchi la rivière, nous trouvons un immense camp abandonné.

Des provisions, des armes, des cartouches Winchester et Remington, etc..., tout cela était abandonné dans le plus grand désordre. Environ cinq cents sacs de sel, et quantité de cadavres portant des plaies faites à l'arme blanche.

Or une question se pose : comme nous ne sommes pas venus charger en ce point et que la position des cadavres semble indiquer qu'ils ont été tués sur place, nous en arrivons à conclure que les Dahoméens se sont battus entre eux, au moment de la retraite et de la panique, ou bien qu'ils ont achevé leurs blessés.

Cette dernière hypothèse semble devoir être admise, car voici huit jours que nous n'avons plus un seul renseignement sur l'armée de Behanzin. Pas un transfuge, pas un blessé pour nous mettre au courant des faits et gestes de notre ennemi. Les prisonniers que nous faisons aiment mieux se faire fusiller que de dire un seul mot.

7 octobre. — Voici la copie de l'ordre que l'on vient de lire aux troupes au sujet du combat d'hier :

« Le 6 octobre 1892, à trois heures quinze du soir, une reconnaissance, commandée par M. le commandant Gonard, a été attaquée par un très fort parti de Dahoméens.

« Cette reconnaissance a reçu le choc de l'ennemi avec une très grande vigueur, a promptement enrayé son mouvement offensif et s'est portée ensuite, après avoir été renforcée, contre des positions dahoméennes fortement organisées en arrière de la rivière de Poguessa, positions défendant le passage du pont jeté sur ce cours d'eau.

« Grâce à une action par les feux méthodiquement conduite et à une charge à la baïonnette des plus brillantes, le pont a été enlevé à la nuit tombante, et tout le corps expéditionnaire a franchi la rivière de Poguessa.

« Le colonel commandant le corps expéditionnaire félicite vivement toutes les troupes qui ont pris part à cette action, et surtout M. le commandant Gonard, qui a, dans la conduite de cette opération, fait preuve d'une grande bravoure et de qualités militaires remarquables.

7 octobre 1892.

« Dodds. »

Il y a une chose que fait très bien ressortir l'ordre du jour du colonel.

C'est la discipline du feu : elle est absolument remarquable. Les feux de salve sont commandés et exécutés avec autant de calme, autant de sang-froid, autant de précision que nous les exécutions il y a deux ans, à la fine 6ᵉ, au camp de Châlons.

Les objectifs répondent. Voilà la seule différence. Elle a toutefois son importance, car les Dahoméens tirent mal, c'est vrai, mais ils tirent beaucoup, et, si leur pour cent est faible, il est encore assez sensible. Nos pertes, en effet, pour le combat du 6, sont : 6 hommes tués et 22 blessés, dont 3 officiers.

Aujourd'hui, jour de repos ; j'ai mon courrier : quel bonheur ! Aussi, après l'avoir parcouru rapidement, je suis allé m'installer, aussitôt déjeuner, sous un tamarinier, non loin du camp, avec mon cahier de notes, mes lettres, mes journaux, et la photographie que je viens de recevoir.

Je n'entends plus mes hommes qui chantent des variations sur le *Cidre de Normandie*, ni la mélopée nasillarde de mes porteurs.

Me voilà en pleine nature sauvage, séparé de tous les miens par des milliers de lieues, mais, en fermant les yeux, ayant encore dans l'oreille les phrases si affectueuses que je viens de lire à mi-voix, il me semble que je ne suis plus dans ce pays de sauvages.

Je reste dans mes rêveries jusqu'à ce qu'on s'inquiète de moi et je dîne à peine.

La lune est très basse, elle ressemble à un gros feu rouge ; je me sens très triste.

CHAPITRE IX

8 octobre. — J'ai reçu l'ordre d'aller occuper un poste sur le flanc gauche de la colonne, à un petit endroit que l'on nomme Zoglimé.

C'est un lieu de pèlerinage, paraît-il.

Je me mets en route avec mon monde dès le matin. La marche, bien que de 2 kilomètres, est fort difficile. La broussaille est presque impénétrable.

Enfin nous arrivons à une vaste clairière, au centre de laquelle est une espèce de toit de chaume qui abrite une sorte d'estrade en terre battue.

En approchant, on distingue sur l'estrade les fétiches. Ce sont des statuettes en bois équarri de forme très grossière, surtout dans la partie inférieure, et qui représentent des êtres humains moitié hommes, moitié animaux, tout cela grimaçant, difformes, affreux à voir.

Autour de l'estrade des cadres de bambous supportent des oripeaux et des amulettes de toutes sortes.

Les fétiches de la guerre sont très nombreux dans le pays ; on en rencontre beaucoup, mais je n'en ai jamais vu d'aussi laids et d'aussi repoussants.

Et, cependant, il ne faut pas leur manquer de respect.

Mon vieux Zokoto fait ses dévotions, puis il me raconte comment on punit les nègres qui ont manqué de respect aux fétiches.

On les attache et on les fait agenouiller ; puis les femmes les couvrent d'huile et de farine de manioc.

Quand ils sont bien barbouillés, on les conduit dans une case en bambou dressée en dehors du village, puis on met le feu à la case.

Les nègres ont alors le droit de se sauver s'ils veulent éviter la grillade et vont se jeter, pour se purifier, dans les mares du voisinage.

Pendant que Zokoto me donne tous ces détails, j'installe mon poste et prends mes dispositions pour me couvrir et me tenir en liaison avec la colonne.

Mon poste occupera la maison du marabout féticheur, l'ermite qui, probablement, est chargé d'assurer le culte des idoles.

C'est une maison blanchie à la chaux : la sécheresse l'a craquelée en maints endroits comme une faïence ancienne ; ses poutres servent de nid à des légions de termites et de fourmis.

Au sommet du toit, un nid épineux où grouillent les lézards et habité par un couple de cigognes qui claquent du bec avec un bruit de castagnettes.

Le propriétaire n'était pas d'une propreté exemplaire. Je re-

Coutume religieuse au Dahomey.

grette bien qu'il ait cru devoir se soustraire à ses devoirs de maître de maison, parce que je l'aurais fait procéder à un léger nettoyage de son immeuble.

Me voilà encore avec mes idées tristes d'hier : j'ai apporté mes lettres et je passe de bonnes heures avec elles.

Je les relis encore lorsque le soleil se couche : c'est aujour-d'hui comme un pâle disque de couleur jaunâtre : il paraît plus grand que de coutume ; une buée grise et phosphorescente couvre l'horizon et l'assombrit.

L'air est chargé d'odeur pénétrante : c'est comme une vapeur malsaine qui précède le crépuscule.

La nuit vient dans l'immense solitude et le cœur se serre. Je pense à la vieille maman ; il me semble que je ne la reverrai plus ; des sentiments de tristesse jusqu'alors inconnus m'étreignent le cœur et me troublent. Ce profond amour pour mon foyer, les êtres chéris qui m'y attendent, tout cela vibre en moi jusqu'à me faire mal...

9 octobre. — Je rejoins la colonne qui n'a pas bougé. Nous sommes dans le pays du mystère, et je pourrais ajouter le pays de la soif.

Hier, mon détachement en a cruellement souffert.

Un de mes hommes a vendu sa portion d'eau de la journée et il a trouvé acheteur à 5 francs pour la valeur d'un quart de litre.

10 octobre. — Après quatre jours de repos, la colonne a quitté le camp de Poguessa pour se porter sur Sabovi.

C'est une ligne retranchée, couverte par deux bastions et qui défend le camp de Behanzin.

Mais, au moment où tous les ordres ont été donnés par le colonel, pour régler l'entrée en ligne de chacun des groupes et pour indiquer l'objectif spécial à chacun d'eux, on s'aperçoit que les Dahoméens ne tiennent pas, qu'ils ont évacué leurs remparts et qu'ils se sont retirés dans la direction de la ville sainte de Cana.

Nous ne les y poursuivrons pas. Cependant, nous pouvons constater le même désordre dans l'évacuation que le jour du combat de Poguessa. Toujours de grandes quantités de provisions abandonnées, des armes, des munitions.

On constate que Behanzin est à court de porteurs et que cette pénurie de moyens de transport l'oblige à abandonner son matériel.

Nous traversons ce camp abandonné ; on fait la halte pendant que deux compagnies vont à l'avant-garde reconnaître le terrain et le chemin suivis par l'armée en déroute.

La colonne reprend ensuite sa marche et nous campons le soir à Kouloupa.

11 octobre. — Nouvelle étape sans aucun incident. L'ennemi a complètement disparu. Nous campons à Ouébomédi.

12 octobre. — Nous avons recommencé les abordages. — C'est le cas de dire : « Quand il n'y en a plus, il y en a encore. »

Les reconnaissances du matin nous apprennent que l'ennemi s'est massé derrière des retranchements élevés très rapidement pour couvrir le village d'Akpa.

Ces retranchements s'appuient, sur un des côtés, à des marécages dans lesquels nous ne pouvons nous engager.

Il faut se résigner à les enlever de vive force.

Le colonel fait sonner la charge. On se rue à la baïonnette et les nègres reculent de 100 mètres ; on reforme la colonne d'assaut et on recommence, l'ennemi recule encore de 100 mètres, et cela a duré toute la journée.

La compagnie Drude a chargé sept fois dans la même journée ; chacune de ces charges est soutenue par l'artillerie qui se porte sur la ligne de feu même et qui crache la mitraille à chaque bond en avant.

Nous n'avançons que de 100 mètres au plus chaque fois parce que la marche est très pénible dans ces fourrés impénétrables, dans ces taillis inextricables !

Actuellement nous sommes maîtres de la plus grande partie de ces lignes, l'ennemi s'est retiré dans le plus grand désordre.

Cette affaire a été chaude, nous avons 4 tués et 20 blessés.

Au nombre des tués se trouve le capitaine Marmet. C'était un des plus jeunes capitaines de la colonne et, cependant, il est porté pour chef de bataillon et il attendait son quatrième galon par le prochain paquebot.

Ce qui nous étonnait ce soir, à la popote, c'est la rapidité avec laquelle les Dahoméens exécutent leurs ouvrages en terre. Ils doivent certainement être dirigés par des instructeurs européens.

Le bruit court ici que cinq des principaux chefs de l'armée de Behanzin sont des Allemands. — On va même jusqu'à citer leurs noms.

Rien jusqu'à présent n'a autorisé ce *racontar*.

Il n'y a qu'une chose absolument certaine, en revanche : c'est la quantité de fusils portant la marque de maisons allemandes.

Le correspondant de ces maisons est parfaitement connu, et leur factorerie de Widah porte le nom de Wolber et Brohm.

Grâce à ces approvisionnements, la lutte que poursuit Behanzin peut durer longtemps, s'il a d'autres ressources en hommes ; mais on sent fort bien que ce monarque joue sa tête et sa couronne.

Ses féticheurs le savent fort bien aussi, et ils ont soin de lui laisser voir qu'il n'a d'autre alternative : ou nous exterminer ou être massacré lui-même, soit par nous, soit par ses féticheurs.

Pour la première fois aujourd'hui, on m'a montré, pendant le combat, les féticheurs qui excitaient les nègres et les amazones.

Sans parler des rations de tafia qu'ils doivent distribuer avant toute action, ils excitent le courage de leurs soldats, en brandissant, d'une main, une queue de vache et, de l'autre, une sonnette ou quelque chose d'approchant.

13 *octobre.* — Toujours le pays du mystère. On ne sait rien, on ne peut rien savoir.

Nous venons de remonter plus au nord, et il y a eu encore un engagement pour enlever un retranchement qui barrait la route de Cana, route stratégique que nous ne voulons pas abandonner.

C'est notre principal objectif.

Nous campons au milieu d'un camp abandonné dont nous n'avons plus qu'à occuper les retranchements.

Les Dahoméens négligent une précaution que nous prenons toujours : c'est de combler, avant le départ, les tranchées qui ont protégé le campement pendant la nuit.

C'est un surcroît de travail, c'est vrai, mais c'est un point d'appui qui est enlevé à l'ennemi, si, en cas de retraite, il venait à occuper nos positions.

14 octobre. — Non seulement nous ne savons rien sur les marches et les contremarches de l'armée de Behanzin, mais encore les renseignements qu'on nous donne sont erronés.

Ainsi, le colonel était averti que l'ennemi fortifiait des positions en avant de Kotoupa. Notre tactique est toujours la même : éviter, quand on peut le faire, d'enlever de front ces positions, essayer de les attaquer de flanc ou de les tourner, afin de les annihiler.

Afin donc de tourner ces positions, nous remontons vers les sources du Kotou. Nos guides se trompent probablement, car nous tombons face à face avec des retranchements sur lesquels nous ne comptions pas.

On s'arrête et l'on campe. Nous n'étions pas plutôt installés que les Dahoméens, voyant que nous ne les attaquons pas, se décident à nous attaquer à leur tour.

15 octobre. — Le combat a repris de plus belle aujourd'hui : par deux fois, ils nous attaquent et toujours avec la même vigueur.

Leur artillerie fait sur nous du tir concentrique : heureusement, ils n'ont que des obus de rupture qui éclatent fort peu ou mal. De plus, le tir de leur artillerie ne dure pas longtemps soit qu'il leur arrive des avaries, soit qu'ils veulent ménager leurs munitions, soit encore qu'ils craignent de laisser leurs pièces tomber entre nos mains. Toujours est-il que ce feu, qui pourrait être très meurtrier pour nous, ne dure que fort peu de temps.

Enfin, par suite d'une manœuvre fort habile, ils sont pris entre deux feux et ils commencent à lâcher pied. La panique s'en mêle et nous les culbutons avec des pertes considérables.

Nous aussi, il faut le dire, nous avons perdu du monde : dans ces trois jours 18 tués, dont un officier (le capitaine Marmet), et 85 blessés, dont 10 officiers, les commandants Stefani et Villiers, les capitaines Baltréau et Fonssagrives, les lieutenants Cornetto, Passaga, Sieffer d'Urbal, Grandmontagne et Gélas.

Gélas est particulièrement touché : le Dr Brünner prétend qu'il ne pourra pas le sauver.

La situation n'est pas gaie : nous n'avons guère plus d'un jour de vivres, nous sommes toujours sans eau, ou tout au moins sans eau potable ; la maladie apparaît.

On a cependant pris toutes les précautions pour éviter la fièvre et le contact du sol humide et surchauffé : les hommes ont élevé davantage leur hamac en prenant des piquets plus forts et plus solides.

Sans être découragés, nous sommes affectés ; on sent que les progrès sont peu sensibles et les résultats négatifs. Nous avançons à peine et nous trouvons toujours de nouveaux obstacles.

16 *octobre*. — Nous reprenons aujourd'hui notre bivouac

Convoi de blessés.

du 13 ; mais nous voilà immobilisés pour quelques jours, faute de moyens de transport.

Nous avons avec nous un convoi de 180 blessés ou malades qui nous alourdissent et qu'il va falloir évacuer sur l'hôpital de Porto-Novo. Je revois ce pauvre Dr Brünner ; il a bien de l'ouvrage et ne sait plus où donner de la tête. Le colonel a réduit son convoi au plus strict nécessaire et il lui manque beaucoup de choses qu'il déclare indispensables.

Il est heureux de conduire demain tout son monde avec tous nos porteurs sur sa base d'évacuation ; il nous rapportera des vivres et des provisions dont nous manquons absolument.

Je lui donne de nombreuses commissions, car le linge commence à me faire défaut.

J'ai été hier témoin d'un fait qui s'effacera difficilement de ma mémoire.

Je revenais de reconnaissance et je passais par le camp de la Légion avec l'idée de serrer la main aux camarades.

En arrivant, je tombe dans un carré de troupes réunies comme pour une revue ; mais, en approchant, je m'aperçois que celui qui passait devant les rangs était un soldat de la Légion, tête nue, entouré de 4 hommes armés.

Il avait bien mauvaise mine, le malheureux ! Il était d'une pâleur effrayante, avec les traits amaigris et les cheveux rasés ; il marchait d'un pas automatique, en pétrissant machinalement son salako ; dans ses yeux, brûlés par la fièvre, je lus la plus sombre résignation.

Il disparut bientôt du carré et, comme je demandais des renseignements, un feu de peloton crépita pendant une seconde dans l'espace.

— C'est un légionnaire de ma compagnie, me dit le capitaine D... auquel je m'adressais ; il a souffleté un brigadier de spahis et le Conseil de guerre l'a condamné à mort. C'est un brave Alsacien, toujours calme, impassible, un de mes hommes les plus dévoués ; il chargeait à mes côtés, à Dogba, le jour de la mort du commandant Faurax et je puis vous assurer que c'était un bravé troupier.

Il n'avait qu'un défaut : la boisson. — Quand, parfois, il s'enivrait, il devenait mauvais, querelleur et ne connaissait plus personne ; alors, la tête perdue, il était terrible, menaçait et frappait autour de lui.

Le pauvre diable a son affaire maintenant : je le regrette ; j'ai tout fait pour le sauver ; mais la discipline est inflexible et il faut que cela soit ainsi. Les exemples de ce genre sont utiles au début d'une campagne : sans eux nous pourrions difficilement nous faire obéir ; or, comme disait mon vieux caporal clairon quand il gourmandait ses hommes : la discipline, ça consiste à obéir et à se taire... sans murmurer, ajoutait-il.

Je repris le chemin de mon camp tout rêveur, et je me jetai sur mon hamac pour faire un brin de sieste.

Oh ! ce demi-sommeil du jour, où tout, hommes et choses, accablés par la chaleur, par un vent imprégné de sable, par un air chaud comme un souffle de forge, tout semble anéanti, brisé, mort. Quelle solitude ! quelle nostalgie !

On s'éveille triste, le cœur serré d'angoisse : un demi-rêve m'avait donné la vague conception de la crête dentelée des montagnes bleues des Ardennes ; je vois la bonne maman, les lunettes sur le nez, tricotant à sa fenêtre, le pignon de l'auberge du Dauphin et la place du village et ses marronniers en fleurs...

On essaie de ressaisir ces demi-visions ; mais il faut se lever maussade, le cœur tout affadi, et, au lieu des horizons rêvés, on ne voit à travers la tente qu'un horizon indéfini, sans une plante, sans un arbre, un sol desséché, des plaines mornes, désolées, couvertes d'herbe grillée par un soleil torride.

Je manque vraiment de courage ; tout mouvement me semble impossible, cet air lourd me suffoque, je ne puis le respirer.

Je n'ai pas le cœur à me mettre à mon journal et je vais aux nouvelles chez les camarades. Ils sont aussi maussades que moi ; j'aurais mieux fait de rester tranquille.

17 *octobre*. — Le convoi de blessés est parti de bonne heure. J'ai été serrer la main aux camarades avant le départ. Le docteur est sombre, les opérations faites par lui la veille semblent n'avoir pas réussi.

Il craint une issue fatale pour quelques blessés qui ne pourront pas supporter le voyage.

De plus, beaucoup de ses porteurs se sont enfuis pendant la nuit et la marche de son convoi va être bien pénible.

20 *octobre*. — Il est sept heures du soir. Nous venons d'être attaqués au moment de la sieste dans notre camp même. Heureusement que nos lignes d'avant-postes nous ont donné l'éveil à temps. Mais voilà cinq heures que nous ne cessons de repousser les attaques sur nos tranchées.

La surprise n'a pas été de longue durée ; nos hommes ont repris très vite leur sang-froid, et l'ennemi n'a pu nous entamer. Il n'a pas reculé toutefois et nous le tenons à distance, car nous ne pouvons prendre l'offensive.

En revanche, il a dû trouver que nous étions bien approvisionnés en munitions. Quelle musique ! Tout ronflait à qui mieux mieux : canons et mitrailleuses, tout a joué sa partie dans le concert ; je croyais entendre du Wagner premier choix.

La température a été épouvantable. Une chaleur des plus lourdes nous suffoquait. Aussi une des souffrances les plus terribles que nous ayons à endurer, c'est le manque d'eau.

21 octobre. — Behanzin devait certainement connaître par ses espions les raisons qui nous forcent à temporiser, car, ce matin, l'attaque a repris de plus belle. C'est le même concert qu'hier, rien n'y manque. Jamais je n'ai vu des hommes aussi acharnés pour donner l'assaut. C'est une véritable boucherie ; plus on tue, plus il en revient.

Aussi, comme nous ne prenons pas l'offensive, ils se croient vainqueurs et, malgré les cadavres qui jonchent la plaine, fauchée par la mitraille de notre artillerie, ils n'abandonnent pas le terrain et s'établissent autour du camp dans des tranchées qu'ils construisent à la hâte.

Heureusement, nos hommes ont été remarquables de discipline. Hier, cependant, toutes les troupes sénégalaises ont failli mettre en doute dans notre esprit leur vieille réputation d'endurance aux privations et à la fatigue.

— Macache Elma, macache Marchir ; c'était chez eux l'indice de la grande souffrance et on se demandait comment on ferait, lorsqu'une tornade épouvantable est venue s'abattre sur nous.

On a immédiatement tendu des récipients pour recevoir cette eau bienfaisante qui nous a tous remis d'aplomb.

Mais l'horizon était sombre ; les feux se sont éteints et les nuages nous entouraient comme une muraille épaisse.

Au bout d'une heure, nous voilà dans la boue, dans un véri-

Tirailleur Sénégalais.

table marécage. Nos chevaux entravés piétinent et s'enfoncent jusqu'aux genoux.

La bourrasque soulève les lambeaux de toiles de tente et les transforme en lanières.

On est glacé jusqu'aux os et, en battant le sol, on ne peut parvenir à se réchauffer.

Le ciel devient de plus en plus noir, les efforts de l'ouragan augmentent ; j'ai des frayeurs pour mes pauvres piquets de tente.

Quel supplice ! Il me semble que le ciel se vide en cataractes. L'expression « pleuvoir à seau » n'est même pas exacte.

22 octobre. — Il paraît que Behanzin demande à capituler. Un cabécère vient de venir ce matin au camp et il est en ce moment auprès du colonel.

Il est arrivé en grande pompe aux avant-postes et, quand on a vu tous ces nègres en tenue de gala précédant un grand personnage sous un parasol, tous les troupiers ont cru que c'était « Bec-en-zinc » lui-même qui venait parlementer ; tous ces fanions multicolores accompagnent M. Seva-Munto, un des cabécères du roi.

C'est un nègre de haute taille, qui a une figure mobile et comique avec deux petits yeux sournois. C'est bien le type de l'ambassadeur : un fin matois.

Comme on pouvait le croire, Behanzin demande à traiter ; serait-ce la fin de la campagne ?

Nous nous le demandons avec anxiété, lorsque nous apprenons que ces pourparlers ne seront acceptés par le colonel que si Behanzin veut bien évacuer ses tranchées et se reporter avec ses troupes au-delà de la rivière de Kotou.

Ces conditions posées, le cabécère est reparti avec le même cérémonial et nous avons appris dans la soirée que Behanzin refusait d'acquiescer à cette première garantie.

C'est heureux que l'armée dahoméenne soit un peu endommagée, car ces combats ont été terribles et la retraite eût été désastreuse dans ces conditions.

Nos porteurs, décimés par la maladie et les privations, refusaient tout service. Ce sont les légionnaires qui ont fait leur besogne.

Eh bien ! au milieu de tout cela, le colonel a été admirable d'énergie et d'entrain et il a donné à ses soldats le plus bel exemple des vertus militaires.

25 octobre. — Les renforts que l'on vient de prendre parmi les garnisons de la côte sont arrivés par les soins du commandant Audéoud : ils sont accompagnés de nombreux porteurs.

On doit envoyer du Sénégal des troupes pour remplacer ces renforts pris à Porto-Novo et à Kotonou.

En attendant, ces deux villes seront sous la protection du capitaine de frégate Marques, commandant les forces navales du Bénin, qui devra débarquer, le cas échéant, une partie de ses équipages ; mais il est peu probable que les Dahoméens, occupés par nous comme ils le sont, tentent quoi que ce soit, contre nos établissements de la côte.

Cependant, il nous semble ici qu'on s'y prend un peu tard pour envoyer des troupes du Sénégal ; si, comme nous l'espérons, Abomey est enlevé d'ici quelques jours, Behanzin n'aura plus de point d'appui pour résister et la campagne sera terminée : il faut, en effet, ne pas trop tarder si nous ne voulons pas être surpris par les pluies de décembre.

Il est probable que, maintenant que la colonne est ravitaillée, nous allons reprendre l'offensive.

Nos blessés et nos malades nous ont quittés ; nous sommes d'une légèreté et d'un entrain à toute épreuve, et nous avons hâte de quitter ce terrain empesté.

Les noirs, en effet, n'ont pas enseveli la moitié de leurs cadavres du 21 et ils ont laissé ce soin aux vautours, de sorte que, depuis deux jours, tous ces nègres en putréfaction répandent une odeur infecte à dix lieues à la ronde.

26 octobre. — Enfin nous avons repris l'offensive. Voilà dix jours que nous ne marchions plus.

Ce matin, dès la première heure on sentait qu'on allait frapper un grand coup. Nous nous sommes rués comme des fous sur leurs tranchées et, pour la première fois, ils n'ont pas tenu.

Comme toujours la petite fête a commencé par trois coups de canon à mitraille, puis trois feux de salve à bonne portée et bien ajustés. Ceci fait, le colonel a lancé six compagnies à l'assaut.

Cette charge à la baïonnette était magnifique ; — je suis sûr qu'il n'y avait pas de bouchons à la pointe des épées baïonnettes.

Les nègres ont essayé de revenir à la charge ; les amazones ont donné deux fois en poussant des cris terribles et en faisant siffler leurs grands coutelas.

Malgré tout cela, tous les retranchements ont été enlevés, et nous sommes maîtres de la rive droite du Kotou.

Malheureusement, ce combat terrible nous a coûté du monde : nous avons eu 7 tués, dont 2 officiers, les lieutenants *Toulouse*, de l'infanterie de marine, et *Michel*, de l'artillerie de marine,

Nous avons eu 29 blessés, dont 2 officiers, qui sont le commandant *Villiers* et le capitaine *Crémieu-Foa*, des spahis auxiliaires ; on dit leurs blessures légères.

Behanzin demande encore à traiter, il accepte les conditions faites précédemment ; il doit même envoyer ses ministres demain à trois heures, à Wouacon.

27 octobre. — Au moment, ce matin, où nous nous préparons, sur la foi des promesses de Behanzin, à franchir le Kotou sans être inquiétés, nous sommes accueillis par une grêle de balles.

Pour le coup, la moutarde nous monte au nez. Le colonel donne ses ordres : dix minutes après, le Kotou était enlevé et nous marchions à l'assaut de Kotoupa. En cet endroit, l'ennemi avait installé, entre les deux bras de la rivière, tous les plus sérieux obstacles.

Il avait construit deux forts en terre, bien palissadés et les avait armés de cinq canons Krupp et de mitrailleuses.

Tout cela a été enlevé à la baïonnette et après des combats acharnés. Tout a été balayé. — Un nègre a probablement pensé que mon pauvre Ali me gênerait pour monter à l'assaut, car nous avions à peine franchi le Kotou qu'une balle me le culbute. Cela m'a allégé, mais m'a bien fait de la peine aussi.

— Nous étions devenus tout à fait camarades avec ce bon Ali.

Nous avons eu aujourd'hui des pertes assez sérieuses : 2 hommes tués et 44 blessés.

Nous voilà encore arrêtés une fois, car nos blessés vont être évacués et tous nos porteurs qu'on avait eu tant de mal à réunir vont être encore dirigés sur notre ligne d'évacuation.

Ces blessés vont prendre la route que nous venons de suivre jusqu'à Gbédé, sur l'Ouémé et, de là, ils seront transportés sur les canonnières qui les conduiront à Porto-Novo.

Enfin nous voilà installés dans un endroit où nous pouvons nous laver! Quelle joie quand on ne s'est pas lavé depuis vingt-deux jours !

Nous avons remarqué aujourd'hui dans le combat que plusieurs Dahoméens étaient armés de fusils Winchester à répétition.

Notre plus vif désir aurait été de nous emparer de leurs canons, mais ils prenaient le plus grand soin de les faire disparaître dès que nos tirailleurs s'approchaient.

Un maréchal des logis sénégalais, un noir médaillé et décoré, a chargé une pièce et a sabré les servants : mais les Dahoméens sont venus à la secousse et il a été tué.

Ces pièces, c'est malheureux d'avoir à le dire, sont servies par des laptots, des noirs du Haut-Fleuve qu'on emploie à bord des navires de guerre au Sénégal et dans la Gambie et auxquels on apprend la manœuvre du canon.

Ils finissent par faire des servants passables et d'excellents pointeurs et Behanzin a fait une très bonne affaire en les engageant à son service.

Une des frayeurs des Dahoméens, c'est le fusil Lebel. Grâce à cette arme incomparable, plusieurs rangées d'hommes sont percées par la même balle et ce seul fait les épouvante beaucoup.

2 novembre. — Nous avons enlevé aujourd'hui la citadelle de

Vouacon. Ce fortin est situé près de Cana, et nous avons trouvé devant ses remparts la résistance acharnée que les Dahoméens montrent en toutes circonstances depuis le commencement de la campagne.

Un chef d'un village voisin est venu faire sa soumission : il était suivi de nombreux porteurs chargés de cadeaux pour le colonel : deux bœufs, des cochons, des moutons et des poules.

Ces victuailles ont été partagées dans la colonne par les soins de l'Intendance ; à notre popote nous avons eu un mouton.

Mon fidèle Lanord, qui a fait la campagne en Algérie, nous a fait rôtir le susdit mouton à la méthode arabe. Nous nous sommes régalés.

3 *novembre*. — Ce matin à trois heures, nous avons été attaqués, suivant la coutume des Dahoméens.

Il faisait à peine jour et nos sentinelles signalaient, dans les hautes herbes et dans les broussailles de la forêt, des nègres qui menacent le camp.

L'alerte était à peine donnée que l'action était déjà engagée. Elle a duré jusqu'à dix heures ; malgré des pertes incroyables, les Dahoméens se sont jetés sur nous.

L'attaque était surtout menée de notre côté par les amazones. C'est vraiment curieux de voir des femmes aussi bien dirigées, aussi bien disciplinées. Si elles savaient régler leur tir, elles nous feraient subir des pertes sérieuses.

En revanche, ils ont quelques tireurs fort habiles : ils doivent les poster dans des positions défilées aux vues et leur faire exécuter des feux ajustés, car, pendant une marche en avant, j'ai été le point de mire d'un de leurs tireurs qui tirait sur moi à intervalles réguliers et qui commettait toujours la même faute. Ses coups portaient trop bas et à ma gauche.

Je suis fort heureux que celui qui a été chargé de son instruction se soit arrêté à l'article IV et qu'il ne lui ait pas enseigné les corrections du pointage.

Nous avons retrouvé, au milieu des cadavres amoncelés, une assez grande quantité d'armes de toute provenance et de tout calibre, Winchester, Remington, Chassepot.

Je ne sais comment se trouvent dans les mains des Dahoméens le fusil et le paquet de cartouches qui ont été trouvés dans ce mélange d'armes. Ce fusil a la forme de nos anciens chassepots. C'est un fusil à aiguille de fabrication allemande portant à la culasse l'inscription suivante :

LŒWE BERLIN

1891

Sur la plaque de couche on lit nº 7666. Au magasin qui contient les cartouches, il manque une pièce. Les cartouches sont longues et minces ; la balle est revêtue d'une enveloppe de nickel ; elle rappelle par sa forme celles de notre fusil m^le 1886.

4 novembre. — Ce matin, la fête a commencé par le canon. On aurait pu se croire au 14 juillet.

Notre artillerie bombardait le tata de Niox-Koué, c'était un des palais du roi dans les faubourgs de Cana.

L'ennemi, fort débandé et semblant découragé, battait en retraite rapidement.

Le soir, nous avons enlevé les faubourgs. Nos pertes sont

Combat de Niox-Koué, 4 novembre.

de 6 tués et de 45 blessés ; mais, hélas ! comme toujours, la proportion des officiers est très grande.

Au nombre des morts, le lieutenant Mercier.

Nous avons 7 officiers blessés : le capitaine d'infanterie Rogot, le Dr Rouch, les lieutenants Gay, des tirailleurs sénégalais, Menau, Jacob-Kani, Maron, de l'artillerie, et Mérienne, des tirailleurs haoussas.

Gay est touché à la poitrine ; sa blessure est profonde. Quant à Rouch, il est atteint au genou.

Ces blessures sont, en général, peu graves. Cependant presque tout le monde est d'accord sur ce que les Dahoméens se sont servi de balles explosibles.

Les troupes de toutes armes ont été remarquables d'entrain. Malgré un soleil des plus brûlants (qu'un légionnaire, à côté de moi, comparaît au soleil d'Austerlitz !) tout le monde était absolument électrisé, lorsque, à trois heures, le colonel a donné le signal de l'assaut.

On avait précédé cette attaque de feux à volonté qui brisaient toute résistance.

Notre artillerie, admirablement commandée, avait commencé par éteindre le feu de l'artillerie ennemie qui était fort bien ajustée ce jour-là. Un de leurs obus est venu éclater sur une caisse de cartouches m^{le} 1886.

Le combat a eu lieu ensuite à l'arme blanche et n'a cessé qu'au coucher du soleil.

On a toutes les peines du monde à retenir les noirs qui nous servent de porteurs et qui, se transformant en combattants, voulaient se faire une large part de butin.

5 novembre. — Nous bivouaquons sous les murs de Cana, « la ville sainte », disent les nègres. Ce n'est en quelque sorte qu'un long faubourg de 6 kilomètres.

La journée semble devoir se passer en pourparlers. Nous goûtons un repos bien gagné.

Le colonel est venu au milieu de nos hommes qui l'ont acclamé.

A hauteur des légionnaires, le colonel a dit : « Je suis fier d'avoir commandé les premiers soldats du monde. »

Il faut rendre justice à ce corps d'élite.

J'ai rarement vu quelque chose d'aussi grandiose que la charge de trois compagnies de la Légion commandées par le brave capitaine Drude.

Cette charge avait pour mission de dégager notre artillerie fortement entamée par les tireurs de position.

C'est peut-être la dernière charge de la campagne, car maintenant Behanzin est réduit aux abois et nous allons entrer dans la période des négociations.

D'autre part, nous ne pouvons plus avancer sans nous alléger de nos blessés et attendre nos renforts.

C'est, du reste, la tactique du colonel, qui est méthodique au plus haut degré.

Dès que nous avons conquis un point important, le colonel s'arrête pour remettre tout son monde dans la main, évacuer ses blessés et recevoir ses renforts.

Nous avons passé la journée à rendre les derniers devoirs à nos pauvres morts d'hier.

6 novembre. — Nous entrons dans Cana sans tirer un coup

de fusil. Les Dahoméens l'ont évacuée. Voici les pourparlers qui recommencent.

Le colonel exige l'évacuation d'Abomey et son occupation par les troupes françaises, ainsi que la création de grandes routes depuis Abomey jusqu'à la côte.

Le parlementaire a dit que le roi n'accepterait pas, mais qu'il

Case royale à Cana.

allait évacuer la ville pour montrer son désir de voir aboutir des négociations. Nous pensons, nous, que c'est pour gagner du temps et qu'il va, au contraire, faire tout son possible pour fortifier Abomey.

On dit que ces travaux de fortification sont dirigés par des Allemands dont on cite même les noms. Un de mes hommes prétend qu'hier il a parfaitement reconnu, parmi les Dahoméens qui fuyaient, un Européen qui portait les galons de capitaine. — Je sais bien que, si j'étais à la place du colonel, le premier que je prendrais, je le fusillerais avec tous les honneurs dus à son rang.

Le colonel met à l'ordre de la colonne le télégramme qu'il vient de recevoir du Ministre de la marine.

Je le copie sur mon journal.

Marine a général Dodds

« Le Président de la République, sur ma proposition, vient de vous nommer général de brigade. Je suis heureux de vous annoncer cette distinction méritée par vos brillants services. »

C'est avec une véritable joie que nous avons acclamé la lecture de cet ordre du jour, et on sent que cette joie est partagée par tous, depuis le soldat jusqu'aux officiers.

C'est, en effet, grâce à sa tenacité que nous sommes arrivés au résultat obtenu. On voit que, dès le début de la campagne, son plan était arrêté, bien mûri et solidement réfléchi. Il ne s'en est pas écarté une minute.

Bien mieux, à plusieurs reprises, il a eu, non pas à discuter avec les officiers sous ses ordres, car on sait que, dans la colonne, la discipline a toujours été strictement et souverainement observée, mais il est arrivé quelquefois que, consultant certains de ses officiers, commandant les différents groupes, ceux-ci ne partageaient pas sa manière de voir.

Il a accueilli les opinions, en a tenu compte au point de vue des détails, mais il a pris une décision conforme à ses vues, assumant sur lui seul la responsabilité de ses actes.

CHAPITRE X

8 novembre. — On annonce aujourd'hui que Behanzin n'a plus avec lui que 1,200 hommes dont une grande partie est formée avec les prêtres ou féticheurs chassés de Cana.

Quelle est la route que va prendre Behanzin ? Va-t-il se retirer à l'ouest sur Togo par Atakpamé, ou va-t-il remonter vers le nord ?

Dans la colonie allemande de Togo, il a toute chance de rencontrer des appuis sérieux ; mais il faudra les payer et il paraît que sa caisse est à vide et, quoique nègre, il connaît le proverbe : « Pas d'argent, pas de Suisse ! »

Quant à reculer ou à traiter, il n'y faut pas songer : ses féticheurs l'étrangleraient. Il faut donc qu'il lutte.

Aussi je n'attache aucune importance au bruit qui court ce matin.

Le général aurait reçu une femme qui, en qualité d'émissaire de Behanzin, lui aurait apporté une lettre.

Dans cette lettre, Behanzin propose de nous payer 15 millions comme indemnité de guerre.

C'est une vaste fumisterie : si Behanzin a encore non pas 15, mais un seul million, il va continuer la guerre pendant un mois.

Et, puis, il faut absolument traiter avec ce roi nègre en toute sûreté et avoir chat en poche ; il nous a trop souvent trompés, bafoués, pour que nous puissions apporter le moindre crédit à ses traités.

La politique à suivre, en cette circonstance, c'est de faire table rase absolument.

13 novembre. — Les escadrons de spahis ont parcouru les abords de la ville d'Abomey ; mais leur reconnaissance n'a pas donné grand résultat. Ils ont cependant ramené quelques noirs qui n'ont rien voulu dire... probablement parce qu'ils ne savaient rien.

La cavalerie n'aura pas joué un rôle bien utile dans la campagne.

Elle ne peut faire son service d'éclaireur, son exploration est presque toujours restreinte, en raison de la brousse.

Elle nous a retardé et elle a, de plus, diminué nos moyens de transport, à cause des approvisionnements de foin et d'orge qui lui sont nécessaires.

Je crois qu'il reste tout au plus 40 chevaux en ce moment dans les deux escadrons.

Quant à l'emploi tactique de l'arme, il est presque nul. On a donc commis une grosse erreur en embarrassant la colonne de cette arme qui a été inutilisable.

Si nous arrivons à pacifier le pays, le meilleur moyen consistera à créer une voie ferrée depuis la côte jusqu'à Abomey,

C'est un moyen très sûr, très pratique pour civiliser un pays. — Si, d'autre part, on arrive à reconnaître que cette voie de communication est trop coûteuse ; c'est alors le pays lui-même qu'il faut abandonner. Ce n'est pas le cas présent.

On peut aussi, dans le début, organiser un service de transport sur l'Ouémé jusqu'à un point terminus d'une voie ferrée reliée à Abomey.

Il est inutile de démontrer l'avantage que cette voie de communication pourra rendre à l'avenir lorsque dans le pays pacifié viendrait à éclater sur un point un soulèvement quelconque.

Il serait inutile de créer une voie ordinaire : la ligne d'Arzew à Saïda, qui est à voie étroite, répond absolument aux besoins de la colonie algérienne et serait tout à fait le type de la voie ferrée que l'on pourrait installer au Dahomey.

Les officiers qui, à la colonne, ont fait les campagnes du Tonkin, sont unanimes à dire que la création d'une voie ferrée s'imposait aussitôt les premières opérations militaires.

Grâce à cette voie de communication, les opérations militaires qui se sont succédées sans cesse, après la première colonne, eussent été beaucoup plus rapides et beaucoup moins pénibles pour l'armée.

On aurait épargné, de la sorte, les fatigues, les maladies qui ont décimé nos troupes bien plus gravement que les balles des pirates.

Je sais que l'on m'objectera le prix de revient de l'installation qui, en raison du transport des matériaux, prend de suite une importance considérable ; mais, du moment que l'on décide la conquête d'un pays, il faut songer aussi à l'occupation définitive et en assurer les moyens.

Si, **au Sénégal**, nous commençons à vérifier l'exactitude de ces principes, il n'y a pas lieu d'hésiter pour engager les capitaux nécessaires à cette construction. C'est le corollaire indispensable de toute expédition coloniale.

Tous les postes d'occupation peuvent aussi se trouver ravitaillés ou secourus, dès qu'ils viennent à être menacés.

14 novembre. — Nous avons fait aujourd'hui une reconnaissance sur le village de Dossoumé-Boneu, qui est un des quartiers de la ville d'Abomey.

J'ai pu m'approcher assez près des clôtures qui environnaient ce faubourg, mais nous avons été arrêtés par des taillis épineux, impénétrables, et presque aussitôt des aboiements de chiens nous ont fait comprendre qu'il ne fallait pas nous avancer davantage.

Il y a eu aujourd'hui un grand palabre entre un cabécère envoyé par Behanzin et le général ; au café, ce soir, nous avons invité ce grand chef à venir causer avec nous.

J'en ai profité pour le faire interroger sur ce fameux Behanzin que nous ne connaissons pas encore. La conversation a été longue et pas des plus commodes, mais mon homme avait la langue déliée par le tafia ; il a causé très volontiers sur son roi, et il est facile de se rendre compte qu'il éprouve, surtout en parlant de lui, une grande frayeur plutôt qu'un profond respect.

Voici ce qu'il me dit :

Son roi descend, paraît-il, de souche royale. Ses ancêtres ont une chronologie très bien établie et notre cabécère offre même de me la faire tenir. J'accepte et, si je la reçois avant notre départ du Dahomey, je la copierai comme un document authentique à la fin de mon cahier de notes.

Bref, sans remonter aussi haut, il me parle de Guezo, de

Le roi Behanzin.

Glé-Glé, que je connais tout au moins de nom et qui ont été mêlés aux derniers événements précédant la colonne.

Son nom véritable est Bedoazin-Boadidjéré Hozu-Boulé : c'est un peu long ; nous en avons fait Behanzin, mais toute cette longue tirade veut dire: « L'œuf-du-Monde » ou « le Fils-du-Requin ».

Ses armes ou, plutôt, son pavillon porte un œuf, un requin et deux cocotiers.

Voici son portrait :

Taille moyenne, front étroit, chevelure laineuse et grisonnante, l'œil noir, la narine plate et les lèvres écrasées, la barbe peu fournie, la voix grave.

C'est un signalement de nègre qui ne diffère pas beaucoup d'un autre nègre, mais je le transmets tel que M. Aizanotoumé a bien voulu me le donner.

Le roi est un homme de quarante ans environ. Il porte habituellement un costume de guerrier, lequel comporte le « chocoto », sorte de caleçon de bain ne descendant pas à hauteur des genoux; par dessus, il a une sorte de chemisette que portent presque tous les guerriers et un pagne, que l'on nomme « acho » et qui est de couleur voyante.

Bien qu'il porte un large chapeau sur un serre-tête de couleur, il a toujours au-dessus de sa tête un parasol ouvert, même la nuit.

Ses dignitaires l'entourent et tous sont accroupis autour de lui : ce sont les premiers ministres, les généraux et les chefs de district.

Le roi est peu coquet, il n'a ni bijoux, ni anneaux dans le nez, mais il a la passion de la pipe.

C'est une longue pipe dorée que les dames du palais lui bourrent, lui allument ; il fume lentement, entouré de toutes les négresses qui l'accablent de prévenances de toutes sortes.

Abomey en flammes.

La garde royale est composée par les amazones qui montent la garde autour du palais et à toutes les portes des appartements royaux.

C'est la troupe d'apparat : elle forme la haie pendant les réceptions d'ambassadeur.

Le roi monte alors sur un trône en terre battue, recouvert de nattes et de coussins en cuir ; il fait appeler ses « griots », c'est-à-dire son orchestre de musiciens.

Comme le cabécère a une escorte de griots, nous avons pu considérer de près les divers instruments de la musique royale.

C'est d'abord le tam-tam, grand instrument de réjouissance, dont j'ai déjà parlé dans mes notes : il porte le nom de « gbédou », ou bien encore « ilou », qui vient du verbe frapper, parce que c'est très facile de jouer de ces instruments. Il n'y a qu'à taper dessus à tour de bras ; on peut encore y promener le pouce comme sur la peau d'un tambour de basque.

Le « dourou » est une calebasse recouverte de peau et d'un manche sur lequel sont disposés de longs crins. C'est une sorte de mandoline.

Enfin, il y a la flûte en bambou ou en métal, dont tous les nègres savent jouer. Notre aimable cabécère ne s'est nullement fait prier pour nous donner un aperçu de son talent.

Il a paru très flatté de voir chacun de nous s'emparer des tam-tams ou des mandolines ou l'accompagner en frappant dans nos mains.

Un de mes camarades lui ayant demandé de nous exécuter une danse guerrière, notre homme nous a semblé froissé, car il a ajouté, d'un ton pincé, que les guerriers ne dansent jamais et laissent cela aux danseurs de profession.

L'interprète m'a dit tout bas de n'en pas croire un mot, et que les guerriers dansaient fort bien, mais entre eux, et quand ils étaient ivres de tafia ou de vin de palme.

15 *novembre*. — Les négociations ne marchent pas. *Tout est rompu, mon gendre !*

Behanzin n'a pas voulu accepter les garanties préliminaires que nous réclamions et qui consistaient dans la remise d'armes et d'otages et d'un premier versement sur une contribution de guerre.

On se prépare pour la reprise des hostilités et nous approchons du dénouement.

Les renforts que nous attendions viennent d'arriver et rien ne nous arrête plus.

Nous allons suivre probablement la grande route de Cana à Abomey. Ah ! si nous avions eu pendant toute la campagne des chemins aussi beaux, aussi larges, aussi bien entretenus.

La route est, en effet, des plus belles. Elle est large de plus de 20 mètres et ombragée, de chaque côté, par de magnifiques tamariniers qui la couvrent presque tout entière.

Les reconnaissances nous ont appris qu'elle est bordée de villages jusqu'aux portes de la ville.

16 *novembre*. — Nous voici bivouaqués sous les murs d'Abomey.

Nous avons abandonné la grande et belle route dont je parlais hier et, sans venir nous mettre à portée des feux des retranchements accumulés autour du palais de Goho qui est au sud de la ville, nous avons contourné ce palais et nous sommes venus menacer son flanc droit.

Par suite de cette manœuvre, nous coupions à l'armée dahoméenne toute retraite dans la direction de la colonie allemande de Togo.

Behanzin n'a tenté aucune sortie pour se dégager, mais il semble connaître son histoire des guerres européennes.

Il brûle Abomey comme un simple Kremlin et, en ce moment, nous sommes aveuglés par une épaisse fumée que rejette sur le camp un assez fort vent d'ouest.

Le général ne veut pas faire donner l'assaut dans ces conditions ; des ordres sont envoyés aux chefs de groupe pour attaquer demain matin dès la première heure.

17 novembre. — Nous voilà dans Abomey.

Nous y sommes entrés l'arme à la bretelle, sans rencontrer la moindre résistance.

Behanzin a non seulement brûlé ses palais, mais il a fait mettre le feu aux habitations de ses chefs, afin de les forcer à le suivre.

Le feu a cependant fait moins de ravages qu'on pouvait le craindre ; aussi le palais du roi a très peu souffert.

C'est une immense bâtisse qui ressemble à une caserne et qui est entourée de hautes murailles. On y pénètre par deux grandes portes abritées par des auvents en paille de bambou.

Le palais domine comme une sorte de terrasse ces murailles ; à l'abri de cette enceinte, le puissant potentat pouvait, sans crainte, commettre toutes les saturnales et toutes les sanglantes exécutions que l'on connaît.

Le drapeau français vient d'être arboré sur le palais : le général ainsi que le lieutenant-gouverneur en ont pris possession.

Entrée des troupes à Abomey.

Il est heureux que cette occupation soit terminée et que Behanzin soit en fuite, car le général semblait souffrant ce matin.

Toutefois son rôle n'est pas fini : bien que l'armée dahoméenne soit dispersée, il faudra, sans plus tarder, procéder à l'occupation et à la pacification du pays ; nous nous réjouissons également de la suspension des hostilités ; elle va nous permettre de prendre un repos bien mérité, car nous sommes très fatigués par la privation de vivres frais, les rigueurs climatériques et les fièvres.

Abomey, qui est située sur une colline, semble être un pays très sain ; on va s'occuper immédiatement d'y cantonner les troupes et on va procéder à des corvées de quartier nécessaires, je dirai même indispensables.

On va probablement faire disparaître aussi les nombreux crânes humains qui couronnent la muraille du palais du roi et qui lui donnent un aspect des plus sinistres.

18 *novembre*. — Le général vient de lancer une proclamation annonçant la déchéance de Behanzin comme roi du Dahomey et invitant toutes les populations et les villages environnants à reconnaître le protectorat de la France.

Le roi Toffa va être invité, de son côté, à envoyer dans tout le pays des messagers qui avertiront les populations que les hostilités sont terminées et qui engageront les Dahoméens qui seraient encore fidèles à Behanzin à faire leur soumission.

Le bruit a couru dans la ville que le roi nègre venait d'être pris ; bien que cette nouvelle me parût fort invraisemblable, j'ai couru à l'État-major. C'est un bruit absolument faux.

J'ai pu voir le butin fait dans le palais du roi : on m'a montré une assez grande quantité d'armes, d'instruments de musique, d'amulettes, de chaînes de captifs, une canne en ivoire, des vieux tableaux, des oripeaux de toute espèce et un pavillon vert et or avec les armes du roi, un œuf et un requin.

19 novembre. — Les soldats du génie font des fouilles aux environs de la ville ; on découvre des pièces de canon enterrées par les Dahoméens.

On met en état de défense le palais de Goho, qui est situé au sud de la ville. Il va servir de casernement aux troupes qui, sous le commandement du lieutenant-colonel Grégoire, vont former la garnison de sûreté d'Abomey.

Le palais de Goho est une sorte de résidence d'été où Behanzin allait se reposer, de temps à autre, du souci des affaires publiques.

Il se compose d'un mur d'enceinte en terre battue protégeant une dizaine de cases qui se distinguent de celles des indigènes par une plus grande propreté.

On commence déjà à parler du départ et je ne suis pas fâché de regagner la côte. Je me sens pris depuis quelques jours de frissons de fièvre qui m'abattent et me rendent incapable de tout travail.

25 novembre. — On vient de lire aux troupes le télégramme suivant que le ministre de la marine vient de faire parvenir au général Dodds :

MARINE A GÉNÉRAL DODDS

« La Chambre des députés, après un vote unanime et sans attendre l'issue qu'elle espère de la campagne conduite par le général Dodds au Dahomey, associe ses félicitations à celles que le Gouvernement lui a envoyées déjà, ainsi qu'à ses vaillantes troupes. »

A la popote, le général nous a tous réunis et nous a offert un punch monstre.

On a bu à la France, au général, etc. Je rentre avec un bon mal de tête, pendant que les camarades rêvent à la pluie de récompenses qui va suivre cet envoi de félicitations.

On a découvert aujourd'hui trois grandes statues de Behanzin, de son père Glé-Glé et de son grand-père. Behanzin, le « Fils-du-Requin » y est représenté avec une tête de requin. — Glé-Glé, dont le surnom Kini-Kini veut dire Lion, est représenté avec une tête de lion.

Ces statues seront rapportées à Paris.

26 novembre. — Nous partons demain avec toute la colonne. Nous avons passé la soirée à faire nos adieux aux camarades qui restent. Je n'ai pas de goût pour ces réceptions : j'ai toujours la fièvre.

30 novembre. — Nous voici arrivés à Porto-Novo. Nous avons mis, grâce aux canonnières, trois jours pour faire le chemin qui nous a demandé trois mois.

Nous sommes reçus avec joie par les camarades de Porto-Novo. On constate que j'ai maigri. — Ce doit être vrai. —

Entrée d'une rue à Abomey.

Ces fièvres qui ne me quittent plus m'ont abattu et je ne fais plus honneur, comme autrefois, aux plats de Lanord.

Il faut ajouter aussi que les viandes de conserve devenaient bien monotones et que le beefsteak de ce soir m'a bien remis d'aplomb.

Il paraît que tout va à merveille et la pacification marche à grand train.

Les habitants de Widah ont écrit au général pour lui dire qu'ils acceptent le protectorat de la France. On va former une colonne qui partira de ce village pour remonter jusqu'à Allada et assurer la communication entre ces deux villes et qui facilitera le ravitaillement, le détachement d'Abomey.

Cette route permettra aux troupes qui sont en garnison sur la côte de prêter rapidement main forte à la garnison d'Abomey, laquelle est assez solide pour résister à un coup de main de Behanzin.

Le pays Mahi où le roi nègre s'est réfugié est situé au nord-est du Dahomey. Il est sous la domination de Behanzin qui peut y lever des amazones et des guerriers.

Mais le roi est tellement à bout de ressources pécuniaires qu'il ne peut continuer la lutte ; pour se procurer de l'argent, il faut qu'il puisse razzier des villages et prendre des captifs, et, pour razzier, il lui faut du monde et des armes et il n'en a plus.

Pour le moment, il ne peut que susciter des troubles, mais il ne peut entreprendre aucune campagne sérieuse.

La garnison d'Abomey est donc absolument suffisante pour parer aux escarmouches du moment.

CHAPITRE XI

7 décembre. — Le général est allé ce matin à Kotonou. Il a été accueilli avec le plus sympathique et le plus vif enthousiasme par la population indigène et par la colonie française qui avaient mis en œuvre pour le recevoir toutes leurs modestes ressources.

Les troupes de la garnison, rassemblées sous les armes, ont rendu à leur chef les honneurs militaires. Tous les Français habitant Kotonou se sont portés au-devant du général pour le saluer.

La ville était pavoisée.

Le général et le gouverneur procèdent ainsi à l'organisation intérieure du Dahomey.

L'intérieur du pays sera, dit-on, divisé en deux provinces qui seront les deux anciens royaumes autrefois indépendants d'Allada et d'Abomey. Deux chefs nommés par la France et placés sous le contrôle des résidents administreront les indigènes. Les commerçants de toutes nationalités seront sous l'autorité directe des résidents.

Deux colonnes mobiles, commandées par les chefs de bataillon Audéoud et Riou parcourent le pays et reçoivent la soumission de tous les cabécères et de tous les chefs de village.

Les cabécères ont d'abord fait quelques difficultés pour s'affranchir du joug de Behanzin ; celui-ci était tellement craint dans tout le pays que les habitants n'osent encore croire à sa défaite.

M. Ballot me fait remarquer aujourd'hui que la province d'Allada sera la reconstitution de l'ancien royaume d'Ardres, dont le représentant fut, paraît-il, reçu en audience par Louis XIV.

La province d'Abomey reformera l'ancien royaume du Foys, conquis par Takodonou, celui qui a fondé Abomey.

La troisième province sera formée par les villages de l'Ouémé.

De ces trois régions, celle qui offre le plus d'inquiétude, c'est la région d'Abomey, mais elle est organisée pour n'avoir rien à craindre. Les officiers qui sont actuellement à la tête des trois provinces sont très habiles, très prudents et très circonspects, qualité indispensable pour gouverner la population indigène.

14 décembre. — Le *Thibet* vient d'arriver à Kotonou avec quatre compagnies d'infanterie légère d'Afrique.

Ces troupes sont destinées à renforcer les différents postes de la côte.

Il nous a apporté également à tous un bon courrier de France et plus de deux mille colis de toute nature. J'attends avec impatience le moyen de remonter ma pauvre garde-robe qui a bien souffert ; mon pauvre casque surtout est dans le plus piteux état et je n'ai pu en trouver un seul dans les approvisionnements. Le *Thibet* doit en apporter douze cents. Je vais être splendide pour le 1er janvier.

La pacification continue. Tout le pays du Nagos a fait soumission. Les chefs qui s'étaient joints à Behanzin l'ont quitté et sont venus se mettre sous la protection de nos postes.

Le général s'occupe activement d'organiser le pays et prépare l'envoi de missions pour établir des relations avec les peuplades voisines et ouvrir de nouveaux débouchés au commerce.

Des postes douaniers ont été établis dans les différentes villes du littoral.

15 décembre. — Les cabécères des provinces du sud ont arboré le drapeau français ; c'est une mission déléguée par le général Dodds qui le leur a remis.

Le général se rend demain à Widah avec le gouverneur. Je les accompagne.

16 décembre. — Nous voilà à Widah, une des villes les plus importantes du Dahomey. Elle compte environ 20 à 25,000 âmes. Ce n'est pas, à proprement parler, une ville. C'est encore, de même que Porto-Novo, une agglomération de cases situées de chaque côté de sentiers ou de chemins qui coupent, en tous sens, la cité nègre.

Le plan de cette ville dérouterait nos brillants professeurs de topographie de l'École, car aucune des rues n'est tracée en ligne droite.

Quant à la largeur, elle est encore bien variable. Si vous

vous engagez dans une belle artère, croyant parcourir la plus belle rue de la ville, vous vous cognez bientôt à des murs en torchis qui forment un cul-de-sac ou aboutissent à un terrain vague couvert de détritus ou d'immondices.

La ville est une des plus commerçantes du royaume ; le port est très animé ; il y a un grand mouvement de pirogues entre Widah-plage et Widah-ville où se trouvent les factoreries européennes.

Ces pirogues sont chargées de barriques d'huile de palme, de tonneaux d'arachide, de tafia qui sont transportés à bord des bâtiments ancrés au-delà de la barre.

La barre est encore plus mauvaise à Widah qu'à Kotonou. Ce sera un grand obstacle au développement commercial de la ville. — Elle est surtout peuplée de requins fort gloutons qui guettent les piroguiers de la côte.

C'est la maison Régis qui occupe la factorerie la plus importante de Widah. Elle a établi des magasins d'entrepôt sur la plage même.

Dans la ville, les maisons à étage, qui dépassent les cases des nègres, sont toutes des maisons européennes. Elles sont situées dans un « salam » spécial.

Les « salams » sont les quartiers de la ville. Chaque quartier a un chef indigène qui assure la police des habitants et qui perçoit l'impôt.

La campagne environnante est bien cultivée et entourée de belles forêts.

Une des grandes divinités de la ville est le Serpent sacré, qui occupe un temple en paille. Il n'y a pas longtemps encore, cet animal était porté solennellement en grande pompe dans les rues de la ville.

Une rue à Widah.

En ce moment, je crois que les habitants terrifiés par la destruction de Behanzin acceptent sans difficulté notre protectorat.

Le 2 du mois, une colonne commandée par le capitaine de frégate Marquet, composée de fusiliers marins, d'un détachement d'infanterie de marine et de tirailleurs sénégalais, a occupé Widah sans coup férir.

Le drapeau tricolore a été arboré sur l'ancien fort français et a été salué de vingt et un coups de canon.

Les factoreries ont commencé à se réapprovisionner et le commerce de la côte prend un nouvel essor. Il en est de même dans toutes les autres villes du littoral, et partout nos troupes ont reçu un accueil sympathique.

Seul, le yavogan de Widah s'est retiré de la ville. Il hésite à faire sa soumission.

Peut-être en le nommant chef de la région pourra-t-on triompher de ses hésitations.

20 décembre. — Je rencontre à Kotonou un de mes bons amis de l'École, qui était avec moi à la 6e.

Il vient de débarquer par le *Pélion*, et ce pauvre ami est tout navré.

Il avait encore dans l'oreille les acclamations des Marseillais, il rêvait d'aller guerroyer et se couvrir de gloire et, en rade de Kotonou, il vient d'apprendre qu'il est désigné pour aller tenir garnison à Abomey-Calavi, point cerné par la brousse, à l'est, et par le lac Denham, à l'ouest.

Sa compagnie va servir de point d'appui à la colonne du lieutenant-colonel Lambinet qui opère vers Allada.

Quelle bonne journée nous avons passée ensemble ! Je n'ose

lui raconter ma campagne, mais, malgré moi, la conversation y revient toujours, et le malheureux m'écoute avec des yeux d'envie.

Il est tout à fait désillusionné ; il éprouve, me dit-il, la déception de Tartarin partant pour la grande chasse ! Je le remonte et lui donne l'espoir qu'il va lui aussi moissonner des lauriers et que nous n'avons pas tout cueilli.

Il me communique avec tristesse les récompenses données à la colonne.

Je les transcris sur mon journal, afin d'en conserver la trace, car tous ceux qui y figurent sont des braves qui ont loyalement gagné la récompense qu'on vient de leur accorder.

Sont promus dans l'ordre de la Légion d'Honneur pour faits de guerre au Dahomey et au Soudan :

A la dignité de grand-officier : le général de brigade Dodds ;

Au grade d'officier : MM. Bonnier, chef d'escadron d'artillerie de marine ; Vathelet, aumônier de la marine ;

Au grade de chevalier : MM. Biffaud, enseigne de vaisseau ; Montané-Capdeboscq, Manet, capitaines d'artillerie de la marine ; Maron, lieutenant d'artillerie de la marine ; Charbonnier, capitaine d'artillerie de la marine ; Delmas, garde principal de 2e classe d'artillerie de la marine ; de Labouret, chef d'escadron d'artillerie de la marine ; Pitault, Poinsignon, capitaines d'artillerie de la marine ; Margaine, lieutenant d'artillerie de la marine ; Rouland, capitaine à la compagnie de marche du Bénin ; Gallenon, capitaine aux tirailleurs sénégalais ; Bonssagrives, capitaine au bataillon de tirailleurs haoussas ; Combettes, capitaine aux tirailleurs sénégalais ; Sauvage, capitaine aux tirailleurs haoussas ; Gay, lieutenant d'infanterie de marine ;

Bunas, lieutenant aux tirailleurs sénégalais ; Baudot, lieutenant d'infanterie de marine ; Roumet, capitaine d'infanterie de marine ; Aubert, capitaine d'infanterie de marine ; Thomas, médecin de 1re classe de la marine ; Hamet-Fall, interprète principal.

Ont obtenu la médaille militaire :

Artillerie de marine : MM. Vaudeville, Genevois, Saingery, maréchaux des logis ; Ternant, garde stagiaire ;

Tirailleurs haoussas : MM. Doll, sergent-major ; Montreuil, sergent ;

Tirailleurs sénégalais : MM. Durand, Saint-Antonin, Bourdin et Reilly, sergents-majors ; Vaudoit, Marre, Pinault, Auriol, Véron et Bonnet, sergents ;

Infanterie de marine : M. Gerber, sergent ;

Tirailleurs soudanais : M. Troussier, sergent.

Nous nous quittons enfin avec ce bon camarade qui rejoint demain sa garnison qui, depuis quinze jours seulement, est occupée par nos troupes.

27 décembre. — Le rapatriement commence.

Le *Thibet* est parti hier avec l'escadron de spahis — moins les chevaux, ils ont tous été vendus il y a quinze jours, il en restait 18 — les trois compagnies de spahis sénégalais qui reviennent au Sénégal.

Il emmenait également la compagnie d'infanterie de marine, la batterie 8 *bis*, et la 2e compagnie de la Légion.

Aujourd'hui, le *Taygète* part avec 15 officiers et 114 convalescents.

Ces rapatriements portent sur les troupes qui ont fait la campagne d'Abomey et qui sont parvenues au terme de leur séjour au Dahomey. La majorité aura plus de quatre mois de présence sur la côte des Esclaves.

En raison de l'insalubrité du climat, il ne faut pas prolonger au-delà de cette durée le séjour dans cette colonie.

J'envie les heureux partants et j'attends avec impatience mon tour de relève. — Il se peut que je rentre avec le général.

2 janvier. — On me cite aujourd'hui le chiffre d'affaires commerciales traitées dans nos établissements du Bénin et on me fait remarquer, que le port de Lagos, appartenant aux Anglais, fait pour au moins 8 millions d'affaires par an avec la ville de Porto-Novo.

On voit l'avantage que pourrait retirer notre colonie du Dahomey si le débouché pouvait se faire par la lagune de Kotonou.

Pour cela, il n'y aurait qu'à creuser et à organiser la bande de sable qui ferme l'entrée de la lagune. Cet estuaire n'étant plus fermé, tout le trafic de Porto-Novo viendrait s'effectuer sur la côte française.

Le général a demandé des douaniers afin d'assurer ce service et faire payer aux Anglais l'entrée de leurs marchandises sur le pays soumis à notre protectorat.

Les Anglais, du reste, n'auront que ce qu'ils méritent, car ce sont eux, qui, le mois dernier, ont placé un premier poste de douane sur la rivière de l'Ajarra. Ce sera une réponse à leur mauvaise foi, car cet acte a été accompli par une violation de la Convention de 1889.

4 janvier. — On nous annonce pour nos étrennes l'envoi prochain de la médaille commémorative du Dahomey et on vient de donner des ordres pour l'établissement des listes de proposition.

La médaille sera donc concédée à tous les officiers, sous-officiers et militaires qui pendant les deux périodes de 1890 et de 1892, ont obtenu le bénéfice de la campagne de guerre.

Elle sera en argent et du modèle ordinaire ; sur une face elle portera l'effigie de la République et sur l'autre se détachera au centre l'inscription : « Dahomey », au-dessus de laquelle une étoile en relief avec ses rayons ; au-dessous un faisceau de drapeaux et une ancre. Cette face de la médaille est entourée d'une couronne de feuilles de chêne.

Le ruban de la médaille sera à filets jaunes et noirs.

Nous espérons tous qu'on nous la donnera pour le moment où nous rentrerons en France. Avec quelle joie nous la porterons et combien cette joie fera oublier les mauvais moments où l'on a tant souffert.

21 février. — Afin de frapper l'esprit des indigènes et montrer d'une façon bien établie le protectorat de la France, le général Dodds a fait aujourd'hui une entrée solennelle dans la capitale commerciale du Dahomey.

A Widah, se concentrent maintenant tous les services de la colonie et cette ville sera le centre du commerce de tout le littoral.

Aux portes de la ville, le général a été reçu par le commandant de la région et ses officiers, les directeurs des factoreries françaises et européennes, les députations des cabécères dahoméens ralliés à notre cause, les chefs de canton, les commandants des « salams », les musulmans et les féticheurs.

Après les souhaits de bienvenue présentés par le principal des colons de Widah, le général Dodds est monté en voiture : c'est un landau de gala qui a appartenu à Behanzin.

Le cortège, escorté de toute la population, a traversé la ville pavoisée aux couleurs nationales pour se rendre au fort français où habite le commandant de la place.

Devant le réduit de San-Jeao-Batisto d'Ajudah, la garnison portugaise, commandée par le capitaine Vincent da Rosa-Seline, a rendu les honneurs militaires.

Les indigènes, dont l'enthousiasme était indescriptible, ont organisé une grande fête qui s'est terminée par un joyeux et bruyant tam-tam.

Le soir, toutes les factoreries avaient illuminé.

L'occupation est donc maintenant un fait acquis, mais il reste encore à pacifier et à organiser ; l'œuvre de civilisation est loin d'être terminée.

Du reste, le général va se rendre en France le mois prochain et j'ai obtenu de l'accompagner.

CHAPITRE XII

20 *mars*. — Mon journal jusqu'à ma rentrée en France ne mentionnera plus désormais les incidents de la vie de garnison.

Je veux toutefois le terminer par une appréciation générale de la campagne montrant les avantáges que la France va pouvoir en tirer.

A mon avis, la préparation de la campagne semble inférieure à son exécution; je l'ai déjà dit, nous n'avons pas pu organiser assez solidement tout le service de l'arrière, c'est-à-dire ce service si important, puisqu'il permet de ravitailler la colonne en hommes, en vivres et en munitions et de faire sur ces points d'appui les évacuations de blessés.

Mais le défaut de porteurs, l'absence presque totale de remorqueurs nous ont mis dans cette situation fâcheuse.

Le général Dodds, qui a réglé toute sa campagne en homme prudent et réfléchi, n'a donc pas pu mener son offensive aussi hardiment qu'il l'aurait souhaité.

Cette marche offensive a été très lente. — Le terrain était difficile, c'est vrai, mais la prise d'Abomey eût été certainement avancée d'un bon mois, si, après chaque victoire, on avait pu pousser l'épée dans les reins de Behanzin, au lieu de lui laisser le temps de se remettre et de créer de nouveaux retranchements.

Le général a été très méthodique ; tout en regrettant ne pouvoir faire la poursuite de l'ennemi, nous le voyons, après chaque engagement ou chaque série d'engagements, s'arrêter, évacuer ses blessés et attendre ses renforts et son ravitaillement.

Il a, dans la conduite de cette expédition, mis en relief ses plus remarquables qualités. Il est bon, soucieux du bien-être du soldat, l'aimant beaucoup et le récompensant largement toutes les fois qu'il le peut. Avec cela, tenace comme pas un, prudent et réfléchi.

Ce sont de sérieuses qualités de commandement, surtout dans des expéditions de ce genre où l'ennemi que l'on a à combattre est le plus souvent insaisissable.

Il a été, du reste, secondé par un état-major remarquable : le colonel Gonard est un travailleur des plus consciencieux ; en outre, dans le combat du 6 octobre, il a prouvé qu'il était un soldat. Quant aux troupes, le général l'a dit et on peut le répéter : « Ce sont les premiers soldats du monde ! »

Toutes les armes ont rivalisé d'entrain, de courage et de valeur morale.

La cavalerie, seule, n'a pas joué, dans cette expédition, le rôle d'exploration qu'on lui avait attribué. Elle n'a pas pu le faire, en raison du terrain impraticable sur lequel elle a presque toujours manœuvré. — J'ai déjà signalé dans mes notes combien elle nous avait retardés en raison du transport de ses approvisionnements.

Quant aux chevaux, sur 200 qui sont partis il en est revenu 18.

La Légion étrangère est une arme incomparable, elle est étonnante de discipline au feu, a chargé alignée sur deux rangs, au pas cadencé (il était impossible de charger au pas de course en raison de la brousse).

Cette troupe est vraiment remarquable. — Armée comme elle l'était, commandée par les chefs qui la conduisaient au feu, elle pouvait faire et elle a fait des merveilles.

L'infanterie de marine, je ne saurais en faire un éloge, puisque j'appartiens à cette arme, mais combien nos petits marsouins sont dignes de leur réputation. Quelle vaillante troupe !

Il serait à souhaiter seulement que l'acclimatement pût se faire afin d'éviter d'envoyer directement de France des hommes trop jeunes et pas toujours suffisamment endurcis aux fatigues et au climat.

L'artillerie a fort bien marché, elle n'a peu ou pas quitté les rangs de l'infanterie ; elle tirait à mitraille à 200 mètres et même à 100 mètres. Très crâne d'allure.

Les tirailleurs sénégalais sont étonnants d'entrain ; malheureusement, dès qu'on sonne la charge, il n'y a plus de cohésion, ils deviennent fous et il est impossible de les rallier.

De plus, ils sont dangereux dès que le feu est commencé, car ils tirent sur tout ce qui se trouve à leur portée. — C'est, néanmoins, une troupe très brave, qu'il faut surtout employer dans ce pays-ci, lorsque l'on doit faire une campagne un peu longue.

En résumé, la campagne est fort brillante, mais elle est un peu chère.

Et, quand je dis qu'elle nous coûte, ce n'est pas au point de vue pécuniaire qui est secondaire, très secondaire, c'est au point de vue des pertes subies :

Sur les 70 officiers de la colonne ; 12 tués ; 6 morts d'épuisement ; 20 blessés grièvement.

Quant aux hommes, la proportion est un peu moins forte et je n'ai pas les chiffres exacts des pertes tant par les blessures que par les maladies.

Mais, pour en donner un exemple, je prends la situation d'effectifs du bataillon de la Légion étrangère qui, parti avec 800 fusils, n'en avait plus, le 23 novembre, à Abomey, que 380, et sur 22 officiers, 9 seulement présents.

Maintenant j'examinerai le résultat pratique.

D'après les renseignements que j'ai puisés à bonne source, il ne saurait être question de maintenir à Abomey une occupation militaire de nos contingents.

On a dû aller jusqu'à la capitale pour résoudre brutalement le problème de la question dahoméenne.

La royauté de Behanzin est abattue, son prestige est détruit ; il n'y a plus qu'à revenir au littoral en laissant au chef intronisé par nous le soin d'administrer le pays.

Ceci réglé, on partagera le royaume en quatre provinces, qui formeront autant de territoires autonomes placés sous les ordres de chefs choisis par nous et soumis à notre protectorat.

De plus, afin d'avoir toujours une action sur ces gouverneurs de provinces, le lieutenant-gouverneur, en résidence à Widah, aura, sous sa main, une garnison qui pourra, en quelques jours, se rendre sur un point quelconque pour y rétablir le bon ordre.

Dans ces conditions la pacification sera assurée et nous aurons, en ce point du littoral, une zone de terrain placée sous notre protectorat et qui nous servira de base pour étendre l'influence française dans le bassin du Niger et plus tard vers le lac Tchad, centre de toutes les routes de caravanes qui sillonnent l'Afrique centrale.

Si les régions conquises n'ont pas, jusqu'à ce jour, donné les résultats que l'on attendait, il ne faut pas oublier que l'Australie, qui est aujourd'hui une des principales sources de fortune du commerce anglais, est restée longtemps sans rien produire. Ce n'est qu'après vingt-cinq ans d'occupation que l'on a pu expédier une livre de coton en Angleterre.

Les noirs n'ont pas de besoins ; ils n'ont pas songé jusqu'ici à tirer quoi que ce soit des richesses que leur sol produit naturellement.

Du jour où ils auront des besoins, ils demanderont au sol ce qu'il peut fournir, le caoutchouc, la gutta-percha ; ils cultiveront le coton et rendront ainsi leur pays riche et fertile.

Le climat est terrible, c'est vrai, et l'Européen ne peut y séjourner sans danger.

Toutefois, il y a lieu de remarquer qu'il y a quarante ans on en disait tout autant de l'Algérie et, aujourd'hui, les plaines de la Macta sont couvertes de vignes, les plaines du Sahel sont couvertes de moissons et les plaines de la Medidja sont aussi fertiles que les terres de Beauce.

L'assainissement devra donc être la première préoccupation du Gouvernement au sujet de cette colonie qui sera une des plus riches plus tard ; bien que j'ai pu connaître sur ce sol la privation et la fatigue, j'oublierai vite les souffrances lorsque, dans quelque vingts ans, prenant à la gare de Kotonou mon billet, « 1re militaire Abomey », je suivrai de l'œil par la fenêtre du wagon les plaines fertiles que nous aurons conquises à la France. Il y aura à ce moment-là un moment d'orgueil, mais aussi un moment de tristesse, à la vue des petits tumuli où dorment les camarades qui reposent sur la terre lointaine arrosée de leur sang..... pour l'honneur et la gloire de la France !

13 *mai*. — J'ajoute quelques pages à ce journal. Je le croyais terminé, mais la réception enthousiaste faite au général et à ceux qui l'accompagnaient mérite d'être consignée dans ces souvenirs de campagne.

Ils en seront l'épilogue toute trouvée.

J'y joins également une biographie du général.

Le commandant en chef du corps expéditionnaire du Dahomey est, comme son nom l'indique, d'origine anglo-saxonne.

Son grand'père est né dans la colonie anglaise de la Gambie. Il quitta Sainte-Marie-de-Bathurst lors de la seconde occupation du Sénégal par les Anglais, c'est-à-dire entre 1809 et 1817, et vint s'installer à Saint-Louis. Là, il épousa une Sénégalaise, Sophie Feuilletaine, fille d'un colon d'origine lorraine et d'une femme peuhle. De ce mariage est né un fils, Emery Dodds, le père du général, qui appartint à l'administration locale du Sénégal et qui épousa une jeune Sénégalaise d'origine normande, Mlle Billot. La mère du général est morte il y a deux ans.

Le général Dodds (Alfred-Amédée) naquit à Saint-Louis, le 6 février 1842. Il fut élevé au collège de Carcassonne et entra à Saint-Cyr en 1862. C'est dans l'infanterie de marine qu'il demanda à servir quand il fut promu sous-lieutenant. Le 25 octobre 1867, il était lieutenant et, deux ans après, il passait capitaine. Cet avancement exceptionnel est motivé par l'attitude que prit le jeune officier au moment des troubles de la Réunion, en 1868, attitude pleine de sang-froid et de courage, qui dépeint un des côtés du caractère du commandant des troupes du Dahomey.

La population était en effervescence : la garnison, sous les armes, avait à contenir la foule surexcitée. Dans la journée du 2 décembre, le lieutenant Dodds, à la tête de sa section, bien que blessé à la tête d'un coup de pierre, calma l'impatience de ses hommes et, en les empêchant de tirer, prévint une catastrophe.

Le contre-amiral Dupré, gouverneur de la colonie, le cita à l'ordre du jour et le proposa d'urgence pour le grade de capitaine.

En 1870, il fit campagne avec la division d'infanterie de marine et fut fait prisonnier à Sedan. Il s'évada, servit à l'armée de la Loire, puis à l'armée de l'Est et fut décoré le 24 décembre 1870.

L'année suivante, il fut affecté à la garnison du Sénégal, où il a fait, d'ailleurs, la plus grande partie de sa carrière. Il y résida de 1874 à 1877. Promu chef de bataillon en 1878, pendant un court séjour en Cochinchine, il y revient pour prendre part à l'expédition de la haute Casamance.

Le commandant Dodds partit du Sénégal en 1883, quand il fut promu lieutenant-colonel et fit la campagne du Tonkin. Le grade de colonel fut la récompense de ses états de service.

De 1888 à 1889, il exerça au Sénégal les fonctions de commandant supérieur des troupes. Il dirigea les opérations contre le Baol et le Cayor en 1889, contre les Sérères en 1890 et contre Ali-Boury et les révoltés du Fouta en 1891. Le colonel Dodds, qui était officier de la Légion d'honneur du 29 décembre 1883, fut alors nommé commandeur. Il fut nommé grand-officier après la prise d'Abomey.

Dans toutes ces campagnes, le général Dodds se distingua non seulement par son courage et la sûreté de ses manœuvres, mais surtout par le soin avec lequel il s'occupait du bien-être de ses troupes. Lui qui, par ses origines, était à même de supporter très facilement le dur climat du Sénégal, il s'efforçait de prévenir les fatigues que ses soldats, les Européens surtout, pouvaient éprouver. Dans la colonne de Cayor, il n'hésita pas à faire monter son contingent européen de troupes de la marine sur des chameaux, afin de leur épargner les souffrances d'une marche prolongée dans les solitudes de cette partie de la Sénégambie.

Le général Dodds appartient, comme on l'a vu, à une vieille famille de colons sénégalais. Il a épousé sa cousine qui, elle aussi, appartient à une famille sénégalaise.

Le grand-père de Mme Dodds, le chevalier Blanchot, major d'infanterie, puis général de brigade, a été gouverneur du Sénégal de 1788 à 1800 et de 1803 à 1807. Peu de temps avant sa mort, il a organisé la défense de la colonie, menacée par les Anglais, qui n'occupèrent le Sénégal qu'en 1809. Le général Blanchot eut une fille qui épousa un colon originaire des environs de Strasbourg, M. Linckenheyl. Mais, comme ce nom est difficile à prononcer, la famille est connue, au Sénégal, sous le nom d'Alsace. Le petit-fils du général Blanchot, M. Louis-Georges Alsace, se maria avec une demoiselle Penel, la sœur, par sa mère, de la femme de M. Emery Dodds. En épousant la fille de M. Alsace, sa cousine germaine, le général Dodds se trouve avoir allié des familles qui se rattachent par leur origine à la Lorraine, à l'Alsace, à la Normandie, à la Grande-Bretagne et aussi aux races indigènes du Sénégal.

Nous avons appareillé le 23 avril. — Un peu ému des adieux touchants faits aux camarades, je n'ai pas pu quitter cette côte des Esclaves sans un profond serrement de cœur.

Je me suis accoudé au bastingage et, tout en rêvant, je suivais des yeux cette plage immense, qui n'allait pas tarder à disparaître, illuminée par le soleil couchant.

Les crêtes des dunes bleues ont disparu à leur tour, et je suis descendu dans la salle à manger comme hébété, ne parlant à personne.

Cependant les conversations allaient grand train ; il y régnait une température d'étuve, une chaleur à rendre fou, une atmosphère épaisse. — Je ne pus rester et j'allai m'étendre sur mon matelas de cabine.

La fièvre m'avait repris.

Le lendemain, j'allais mieux ; je reparus sur le pont. Une grande animation y régnait encore. Nous sommes très nombreux.

Voici les noms des passagers :

Les chefs de bataillon Taverna, Drude, Roque ; le lieutenant de Vuillemot, officier d'ordonnance du général, et le brave abbé Wathelet, aumônier de l'armée ; M. Mouton, agent de la Cie Fraissinet à Libreville ; M. Taglia, agent de la Cie Mante et Borelli, et divers agents du Congo ; — trois religieuses et cinq missionnaires provenant de différents points de l'Afrique, plus une petite négresse offerte au général par le roi Toffa. De plus, nous avons à bord dix-neuf convalescents presque en voie de guérison, je dis presque, car, à hauteur de Sierra-Leone, le clairon Barrée, de l'infanterie de marine, a succombé à l'infection paludéenne; sur la demande du général, le pauvre garçon n'a pas été jeté aux requins : il repose, en terre française, à Konakry, un port des Rivières du Sud.

Nous ramenons également les restes de M. Ehrmann, ancien résident de France au Bénin, mort l'an dernier au mois de février.

A Dakar, nous avons pris de nouveaux passagers.

Je retrouve le commandant Lombard qui a fait toute la campagne à l'état-major du général; je le croyais rentré en France, mais, épuisé par l'anémie, il n'avait pu continuer sa route et avait dû s'arrêter à Dakar.

C'est un officier des plus distingués, et, sous cette apparence frêle, avec ses yeux bleus, sa parole douce, on devinerait difficilement le caractère le plus trempé, le plus viril de tous les officiers de la colonne.

11 *mai*. — Il est cinq heures du matin. Tout le monde est sur le pont. La marche se ralentit, on ne sait pourquoi; nous ne marchons presque plus. Le *Thibet* se pavoise et, vers six heures, nous voyons la côte française, puis, vers sept heures, Notre-Dame de la Garde.

Le cœur bat à tout rompre. — On voudrait pousser ce navire qui n'avance pas, on envie l'hirondelle qui passe; on compte les heures, les minutes.

Un peu avant d'arriver aux îles du Frioul, nous sommes accostés par un remorqueur contenant plusieurs personnes, que l'on nomme autour de moi.

C'est le directeur de la Compagnie, M. Fraissinet, avec ses deux sœurs et M. le capitaine de frégate Gigout.

Le commandant Litardi fait aussitôt filer une amarre qui ramène un seau plein de lettres pour la plupart d'entre nous.

Le général reçoit lui-même un paquet d'instructions qu'il lit très fiévreusement.

Le *Thibet* continue toujours sa route et bientôt nous sommes entourés d'une quantité inouïe de bateaux, de chaloupes toutes pavoisées, couvertes de monde et portant des orchestres.

Tout ce monde agite ses chapeaux, ses mouchoirs ; on n'entend que les cris : « Vive le Général! Vive la France ! »

Enfin la Santé nous accoste et donne la libre pratique.

Nous sommes envahis par une foule qui se précipite sur nous ; on se serre la main, on s'embrasse presque en pleurant ; nous sommes fous de joie et aussi d'émotion.

A neuf heures, un vapeur nous accoste et on voit monter à bord un groupe de personnages officiels.

M. Hauer, commissaire de marine, est chargé par le Ministre de la marine de remettre au général la première médaille du Dahomey.

En lui souhaitant la bienvenue, il s'exprime ainsi :

« Mon général,

« Au moment où, après une glorieuse campagne, vous allez toucher le sol de la France, dans cette grande et patriotique ville de Marseille qui vous a préparé une réception digne de vous, c'est un grand honneur pour moi d'avoir été chargé par le Ministre de la marine de vous porter ses félicitations en même temps que ses souhaits de bienvenue.

« Permettez-moi d'ajouter que je suis l'interprète de tous, notamment M. le vice-amiral, commandant en chef, préfet maritime, qui a délégué son aide de camp, M. le commandant de Pélacot, pour assister à cette cérémonie, — en vous disant que, comme notre vaillante armée de terre, la marine entière est justement fière de saluer et d'acclamer en vous l'éminent général, qui, par son habileté, son courage et son indomptable énergie, au milieu des difficultés de toutes sortes et sous un climat insalubre, a su conquérir à la France la possession du Dahomey et vaincre dans de nombreux combats avec une poignée de braves un ennemi vingt fois supérieur en nombre, bien armé, commandé et excité contre nous jusqu'au fanatisme.

« Honneur à vous, mon général, qui avez ajouté aux fastes militaires de nos conquêtes coloniales une page ineffaçable, et aussi à ces vaillants soldats et marins qui, avec un dévouement et avec un courage admirable, ont arrosé de leurs sueurs et de leur sang cette terre africaine où nos négociants trouveront un fertile et nouveau champ d'action pour leur activité.

« En terminant, je répondrai, j'en suis certain, à nos sentiments à tous, mon général, en rendant un pieux hommage à la mémoire de ceux, officiers, militaires ou marins, qui, après avoir vaillamment combattu sous vos ordres, ont payé glorieusement de leur vie leur dévouement envers la patrie.

« Au nom du Ministre de la marine qui, par une délicate et bienveillante attention me l'a fait parvenir pour que vous la trouviez ici dès votre arrivée, j'ai l'honneur de vous remettre la médaille commémorative de l'expédition du Dahomey, qui sera un vivant témoignage des brillants faits d'armes du corps expéditionnaire et acquerra sur votre poitrine une valeur plus grande encore. »

Le général, très ému, a répondu en reportant tout le mérite de son succès sur les admirables soldats qu'il a eu à commander.

Nous sommes alors remorqués par le vapeur qui prend la passe nord du bassin National et qui vient accoster au môle C.

Ce môle est magnifiquement décoré pour la circonstance.

Le général se tient sur le pont d'arrière ; il est en petite tenue ; nous voyons qu'il est très ému et qu'il peut à peine dissimuler son émotion.

La réception est vraiment grandiose. Toutes les musiques jouent *la Marseillaise* ; des acclamations formidables retentissent Mon Dieu ! que c'est beau, la rentrée d'un vainqueur !

Il est un peu plus de dix heures quand nous sommes amarrés au quai. Voici le général Mathelin, commandant le XV⁰ corps, le Préfet, le Maire, etc.

Le général débarque au milieu des applaudissements et des vivats de la foule.

M. Flaissières, maire de Marseille, s'avance alors et prononce ce discours :

« Monsieur le général,

« Au nom de la population de Marseille, au nom du Conseil municipal, j'ai l'honneur de vous souhaiter la bienvenue parmi nous ; vous représentez le corps expéditionnaire du Dahomey et j'ai mandat de mes concitoyens et de mes collègues de vous exprimer les sentiments que nous avons ressentis pour votre vaillante armée et pour vous-même.

« Marseille, dont le génie commercial et industriel fait la gloire et la richesse, a applaudi aux efforts tentés pour une œuvre de civilisation.

« Elle vous remercie hautement d'avoir ouvert une voie nouvelle à l'activité du commerce et de l'industrie.

« A tous mes remerciements je dois ajouter quelques considérations d'un ordre plus élevé. Je vous présente les félicitations que la foule va tout à l'heure traduire et affirmer avec toute la franchise habituelle de son esprit et de son cœur.

« Elle vous dira, cette foule, avec quel intérêt, avec quelle anxiété, avec quelle angoisse, parfois, nous avons suivi votre marche à travers les dangers de toute espèce qui s'élevaient et se renouvelaient sans cesse devant vous.

« Lorsque nous apprenions vos succès, avec quelle impatience nous attendions le résultat final.

« C'est que, plus que toute autre, la population de Marseille a pu apprécier les difficultés que vous avez vaincues, et sa reconnaissance est d'autant plus grande pour vos courageux compagnons d'armes et pour vous-même que nous avons ouï récemment les récits de nos chers soldats revenus au milieu de nous, éprouvés par la maladie et les fatigues d'une dure campagne, mais pleins de joie et glorieux.

« Nous nous sommes sentis fiers d'eux. Nous nous sommes inclinés devant cette abnégation qu'ils avaient montrée, devant ce courage indomptable que seul peut donner le patriotisme éclairé.

« C'est de la bouche même de ces hommes vaillants que nous avons appris, monsieur le général, combien vous étiez vous-même bon et vaillant. Et, lorsque vous aurez éprouvé la joie bien légitime de félicitations qui seront adressées à votre tactique habile, à vos qualités personnelles de soldat, il vous restera un souvenir plus doux encore que toutes ces félicitations.

« Vous vous souviendrez que vous avez été le camarade de vos soldats, vous vous souviendrez que vous les avez encouragés et soutenus lorsqu'ils étaient vos frères ; vous vous souviendrez qu'ils vous ont donné, eux-mêmes, ce témoignage.

« Nous nous souviendrons aussi, nous tous Français, que ces hommages qui vous étaient rendus par les petits et par les humbles seront vos plus grands titres de gloire.

« Honneur à vous, général Dodds ! Honneur à l'armée du Dahomey ! Vive la patrie française ! Vive la République ! »

Après ce discours on s'est dirigé vers la Préfecture.

Le parcours du quai à la Préfecture n'a été qu'une longue ovation pour le général. Il y avait plus de 20,000 personnes, dans les rues. Toutes les fenêtres sont ornées de pavillons, d'oriflammes, de drapeaux et de feuillages. Elles sont bondées de monde.

On crie : « Vive le général Dodds ! Vive l'armée ! » Les chapeaux et les mouchoirs s'agitent ; dans les voitures tombe une pluie de fleurs.

Le landau du général disparaît sous les bouquets quand il arrive à la Préfecture.

Mme la générale Dodds est au balcon avec Mme Deffès, la femme du préfet. — Son émotion est si grande qu'elle manque de s'évanouir.

A midi, nous nous rendons au cercle des Officiers, au café du Commerce.

Tous les officiers de la garnison, dont seize officiers généraux, s'y trouvaient réunis.

Le général Mathelin, dans une brillante improvisation, a dit combien il était heureux de parler au nom du Ministre de la guerre qui l'a chargé de présenter ses félicitations au vaillant soldat qui a porté haut le nom de Français : « Honneur au général Dodds, au courageux officier qui, au milieu de ce pays insalubre et malsain, est allé planter d'une main ferme le drapeau de la France ; honneur au vainqueur des Dahoméens, ce peuple fanatique et courageux et cent fois supérieur en nombre ; honneur aux troupes qu'il a conduites à la victoire ! » et s'adressant aux officiers : « Qu'il soit pour vous un exemple, Messieurs, qu'il vous serve de modèle, car la France, un jour, aura besoin de soldats de sa valeur. Sachez que le général Dodds s'est battu en bon Français qu'il était et qu'il se battra encore si notre pays avait besoin de lui. Honneur à lui, Messieurs ! Quant à nous, nous nous rappellerons avec orgueil que nous avons été les premiers à vous recevoir ; nous en sommes fiers, car votre arrivée nous a permis d'acclamer l'un des meilleurs enfants de la France. » Après avoir fait l'éloge de ceux qui étaient morts sur la terre d'Afrique, le général Mathelin termine par ces paroles : « Honneur au général Dodds, encore une fois, honneur à lui, et je souhaite du plus profond de mon cœur que Dieu nous le conserve de longs jours pour la grandeur de notre pays et la gloire de l'armée française. »

On applaudit; puis le Préfet prend alors la parole.

Enfin, c'est le général Dodds lui-même. Au milieu d'un silence religieux, le général se lève. Il est très ému au début; son speech s'en ressent; mais peu à peu la voix s'échauffe, et c'est avec une grande clarté qu'il prononce le discours suivant :

« Messieurs,

« Permettez-moi de vous remercier du plus profond de mon cœur de l'accueil enthousiaste que vous me réserviez. Je remercie aussi la population marseillaise de la réception chaleureuse qu'elle m'a ménagée. J'aurais été orgueilleux et fier si moins grand avait été le nombre des officiers morts à mes côtés, car, aujourd'hui, ils assisteraient à cette réunion. Je ne suis qu'avec ce vaillant soldat Drude, qui a combattu à mes côtés et s'est distingué si vaillamment. Je ne puis oublier ceux qui ont fait avec moi les campagnes du Tonkin et du Soudan, les commandants Marmet et Faurax.

« J'ajoute encore que, si j'ai réussi à exterminer les bandes de Behanzin, c'est grâce à l'énergique courage des officiers et des soldats qui m'ont secondé et se sont battus comme des lions. Qu'il me soit permis de les remercier ici.

« Je dois rendre aussi hommage au Gouvernement de la République, qui m'a donné les moyens d'arriver au but que je me proposais de réaliser la mission dont il m'avait chargé.

« Je bois à la ville de Marseille; je la remercie de son accueil, et je bois au Gouvernement de la République.

« Je bois à l'armée française, au général Mathelin et à nos camarades qui sont là-bas, au Dahomey. »

De longs applaudissements soulignent les paroles du général Dodds. Le punch prend fin ensuite aux accents de la *Marseillaise*, que joue la musique militaire.

Lorsqu'il sort, la foule fait au général une ovation des plus sympathiques, et il rentre à la préfecture poursuivi par les acclamations du public.

Un banquet et un bal ont lieu le soir à la Préfecture. L'affluence est énorme au dedans et au dehors.

Voici le discours prononcé par le préfet :

« Monsieur le général en chef,

« Monsieur le général Dodds,

« Messieurs,

« En me levant pour saluer, au nom du Gouvernement de la République, l'armée et ses chefs, je ne puis me défendre d'une profonde émotion. C'est à vous, monsieur le général Mathelin, que je dois tout d'abord adresser l'hommage de notre affectueux respect et l'expression sincère de notre dévouement. Vous donnez le noble exemple de toutes les vertus militaires, et votre autorité, si elle s'inspire d'une impartiale et ferme justice, s'exerce avec bienveillance.

« Je m'autorise de votre exemple, monsieur le général Dodds, pour laisser dans l'ombre, comme si les fumées de la gloire des armes la voilaient encore, votre haute personnalité, et vous me permettrez de vous oublier, comme vous vous oubliez vous-même dans votre paternelle tendresse pour les braves que vous aviez l'honneur de commander. Le seul hommage qui va au cœur des chefs tels que vous ne doit-il pas s'adresser à ceux qui, dans le rang, ont fait vaillamment leur devoir ? Vos troupes, général, ont donné, dans des circonstances difficiles, la mesure de ce que peuvent la discipline, le courage et, surtout, l'énergie morale. Aussi l'expédition du Dahomey, que vous venez de si brillamment conduire, est-elle particulièrement remarquable. Elle éveille en nous une fierté sans jactance et de patriotiques espérances.

« Un impassible sang-froid, une sage ténacité dans les desseins, une attentive vigilance alliés à une constante et cordiale sollicitude pour les soldats ont préparé les succès d'un commandement qui ne connut pas de défaillances. Forts de cette autorité morale et soutenus par leur confiance en leur chef et en eux-mêmes, les officiers et les soldats du corps expéditionnaire du Dahomey ont écrit une nouvelle et glorieuse page de notre histoire militaire. Que l'accueil chaleureux de la grande et généreuse cité marseillaise vous apparaisse, général, comme le témoignage solennel et ému de la reconnaissance nationale et la suprême glorification des héros morts à vos côtés.

« Je bois au général Mathelin, au général Dodds, au corps expéditionnaire, à l'armée. »

Le général Dodds répond en ces termes au discours du préfet :

« J'ai déjà eu l'occasion, au cours de cette journée, d'exprimer ma reconnaissance au Gouvernement, à la population et à son premier magistrat, de l'accueil que j'ai reçu à Marseille.

« Permettez-moi, monsieur le préfet, au nom des officiers et des soldats du corps expéditionnaire, de vous dire que, si nous avons rencontré des difficultés et si nous avons eu dans cette campagne des obstacles à surmonter, nous avons été toujours soutenus par les sympathies de la nation tout entière et la sollicitude du Gouvernement. Nous avions aussi, pour nous guider, le drapeau, symbole de la patrie. Si le corps expéditionnaire, qui s'est si vaillamment conduit, a pu provoquer l'admiration de nos compatriotes, j'ajoute que les indigènes partageaient ces sentiments et que nos ennemis furent parfois étonnés. Je ne pense pas invoquer de meilleur témoignage du courage, de l'entrain des troupes, de leur endurance et de leur facilité à marcher dans les brousses que ce mot d'un de nos ennemis : « Ce ne sont pas des soldats, ce ne sont que des tirailleurs, ce sont des noirs. »

« Je termine, Messieurs, en buvant à l'armée tout entière, à ses chefs, à son représentant, M. le général Mathelin, et à la France ! »

Quand tout a été terminé, nous avons été prendre congé de notre chef qui nous a tous embrassés et nous avons serré la main à tous ces bons camarades de la garnison de Marseille, qui ont été si aimables et dont nous n'oublierons jamais le chaleureux accueil.

A d'autres joies maintenant ! celles non moins douces de la famille où l'on nous attend avec tant d'impatience !

TABLE DES MATIÈRES

CHAPITRE VII

CHAPITRE VIII

CHAPITRE IX

CHAPITRE X

CHAPITRE XI

CHAPITRE XII

Tours, imp. Deslis Frères, rue Gambetta, 6.